博雅国际汉语高级选修课教材
北京大学立项教材

中国现代文学经典导读

李丽 编著

北京大学出版社
PEKING UNIVERSITY PRESS

图书在版编目 (CIP) 数据

中国现代文学经典导读 / 李丽编著. —北京：北京大学出版社，2022.1
博雅国际汉语高级选修课教材
ISBN 978-7-301-32623-7

Ⅰ. ①中⋯　Ⅱ. ①李⋯　Ⅲ. ①汉语—对外汉语教学—语言读物　Ⅳ. ①H195.5

中国版本图书馆 CIP 数据核字 (2021) 第 208102 号

书　　　名	中国现代文学经典导读 ZHONGGUO XIANDAI WENXUE JINGDIAN DAODU
著作责任者	李　丽　编著
责任编辑	邓晓霞
标准书号	ISBN 978-7-301-32623-7
出版发行	北京大学出版社
地　　　址	北京市海淀区成府路 205 号　100871
网　　　址	http://www.pup.cn　新浪微博：@北京大学出版社
电子信箱	zpup@pup.cn
电　　　话	邮购部 010-62752015　发行部 010-62750672　编辑部 010-62753334
印刷者	北京市科星印刷有限责任公司
经销者	新华书店
	787 毫米 × 1092 毫米　16 开本　13.75 印张　278 千字 2022 年 1 月第 1 版　2022 年 1 月第 1 次印刷
定　　　价	48.00 元（含录音）

未经许可，不得以任何方式复制或抄袭本书之部分或全部内容。
版权所有，侵权必究
举报电话：010-62752024　电子信箱：fd@pup.pku.edu.cn
图书如有印装质量问题，请与出版部联系，电话：010-62756370

前　言

编写目的

　　本教材适用于对中国现代文学作品感兴趣的中高级汉语水平的留学生，可以作为留学生中国现代文学相关课程的教材，以及国外大学中文系学习中国文学专业课程的教材。

　　通过学习本教材，学生不仅可以丰富汉语词汇量，提高文学鉴赏力，还可以通过对中国现代经典文学作品的阅读，了解中国现代文学在语言形式和思想内容上是怎样成熟、发展起来的。

　　好的文学作品是民族语言的精华，也是生动的历史画卷。中国现代文学经典不仅能向留学生细腻、深刻地展现中国现代社会历史的发展、变迁，也可以帮助留学生更好地理解中国现代文化的精神面貌。

教材特色

　　1. 一方面选取中国现代文学史上著名作家的经典作品，一方面兼顾非母语习得者汉语表达能力和他们对文学作品鉴赏的接受程度，在尊重原著的情况下，对文本稍做了修改，以更好地适应非母语习得者的汉语学习；

　　2. 采用以点带面的方法，通过对作家作品的介绍和细读，进而简单勾勒出文学史概况，并大致还原出现代社会的历史状貌；

　　3. 课后的练习设置没有生搬语言教材的练习模式，而是通过"思考与问答"，采用提问的形式，引导学生积极思考并组织语言来回答；

　　4. 文末"延伸阅读"（或"特别推送"）部分，也是对课堂教学内容的积极延伸和有效补充，通过对更多文学文本、影视作品，甚至歌曲戏剧等的介绍推荐，帮助有兴趣的学生继续深入地了解和学习。

体例框架

本教材遵循中国现当代文学史的分期，将所选作品的时间限定为：从"新文学"运动肇始的 20 世纪初，到 1949 年中华人民共和国成立之前。不过，教材的设计打破了中国现代文学"三个十年"的阶段性分期，依照文学作品的不同体裁，将教材划分成诗歌、散文、小说和戏剧四个部分。鉴于非母语习得者的身份，每个部分作品在编选时，除了按照年代的顺序，也尽量考虑语言先易后难的层级递增。

下面按照体裁逐一细述：

1. **诗歌部分**。选取了胡适、徐志摩、戴望舒三位诗人的诗歌。胡适及其创作在新文学史上的开山意义自不必言；徐志摩作为留学英美、受西方浪漫主义思想影响颇深的诗人，其创作的纪念母校剑桥大学的诗作《再别康桥》，不仅流传甚广，且诗碑在剑桥大学国王学院的康河河畔，也能觅得踪迹；而同样留学西欧，受到过法国象征派影响的戴望舒，在其代表诗作《雨巷》中，又继承了中国传统诗歌的情调，其诗作所散发出的古典韵味，令人陶醉。

2. **散文部分**。选取了四位作家的作品，首先是鲁迅的杂文《说"面子"》（约 1900 字），道出了其眼中"中国人"的一大特点，那就是爱面子。那面子又是什么呢？鲁迅在文中有着自己的理解和阐述。关于"面子"的话题，很多外国学生都饶有兴趣，他们常常听中国人说"面子"，但对"面子"的意思又似乎完全不明白。曾有人谈及教材的趣味性，认为趣味性不仅仅体现在内容幽默、新奇这一点上，也体现在知识性和可思性上，也就是说，教材文本应该能够启发学习者的思考，激起学习者的话题参与兴趣。在教学中，能够实现边学习、边思考、边讨论，也是本教材编选的主旨之一。另外，散文部分还选取了张爱玲的《到底是上海人》（约1700字）、周作人的《谈酒》（约2000字）、老舍的《英国人与猫狗》（约3000字），这样的选择既考虑到了篇幅及语言难度，也尽量兼顾了中国文化的表达与跨文化交流。

3. **小说部分**。小说因其丰富的故事情节和人物性格，历来就是文学作品最有趣的部分，但外国学生教材的编选就不能做得太随心所欲。教材选取了台静农"为人生"的小说《拜堂》（约3000字），赵树理颇能突显"解放区"面貌的《田寡妇看瓜》（约1100字），"东北作家群"代表作家萧红的《弃儿》（约8700字），以及沈从文散发着湘西淳朴民风的《萧萧》（约8300字），这样的选择旨在通过作家作品的介绍和细读，顺带勾勒出那个时代的文学史。这就打破了中文系往往先介绍文学史，再讲解作品的教学定式。

4. **戏剧部分**。考虑到多幕剧的篇幅太长，教材选择了丁西林的独幕喜剧《一只马蜂》（约9600字）。这部剧作语言平实，情节轻松有趣，描写了一对自由恋爱的年轻人在那个婚姻大事只能由父母包办的时代，互相倾慕又不敢公开，彼此拥抱之际被母亲撞见，假称有马蜂在背的喜剧。这部剧作自问世以来，便在很多大学演出，颇受年轻人欢迎。因此在文本学习的同时，老师也可以组织部分情节的排演，以增强学习的效果。至于更加"经典"的剧作，如"中国现代戏剧之父"曹禺的四幕剧《雷雨》，由于篇幅限制，只好放在章节最后"特别推送"部分予以简单介绍。

教学建议

　　本教材适用于文学作品的阅读赏析课,生词讲解和句意疏通不应该占据过多的课堂时间,教师可以要求学生提前预习,课堂上以学生为主导来疏通句意。教师尽可能在课堂上通过提问、答疑、讨论等形式,帮助学生理解作品的审美内涵和文学意义。教师也可以通过制作图文并茂的PPT,播放或介绍相关影视、歌曲、诗歌朗诵等多媒体资源,来辅助和补充教学。本书配有录音和教学PPT,扫描封底二维码可收听、收看。

　　本教材共四部分十二课,可以利用两个学期的时间来学习。教师可以根据学生的水平,在每个部分挑选一些篇目或章节进行选讲,也可以第一学期上完诗歌、散文部分,第二学期再完成小说和戏剧部分的教学。

　　本书个别篇目,由于种种困难,未能联系到著作权人,请有关著作权人见书后和本人联系,以便奉寄稿酬。联系方式:snl@pku.edu.cn

目 录

诗歌部分

第一课　中国现代"白话文"的最早尝试
　　　　——胡适和他的白话诗作《蝴蝶》……………………………… 3

第二课　留学欧美的浪漫绅士
　　　　——徐志摩和他的《再别康桥》………………………………… 10

第三课　浓浓的古典中国味儿
　　　　——戴望舒的诗作《雨巷》………………………………………… 19

散文部分

第四课　"中国现代文学之父"鲁迅和他眼中的"中国人"
　　　　——细读散文《说"面子"》………………………………………… 31

第五课　"传奇"才女张爱玲的"流言"
　　　　——细读散文《到底是上海人》…………………………………… 41

第六课　"美文"与"美酒"的完美相遇
　　　　——周作人散文《谈酒》细读……………………………………… 49

第七课　地道的"京味儿"作家和他眼里的英国人
　　　　——细读老舍的散文《英国人与猫狗》……………………………… 60

小说部分

第八课 一场特殊的乡土"婚礼"
　　——乡土作家台静农和他的乡土小说《拜堂》 …………… 77

第九课 "文摊"作家和他农民乡亲们的生活变迁
　　——赵树理《田寡妇看瓜》赏析 …………………………… 93

第十课 "惊世才华"与"坎坷人生"
　　——萧红《弃儿》赏析 ……………………………………… 99

第十一课 "大妻子"和"小丈夫"的故事
　　——沈从文《萧萧》赏析 …………………………………… 135

戏剧部分

第十二课 "偷偷摸摸"的爱情喜剧
　　——丁西林话剧《一只马蜂》欣赏 ………………………… 173

诗歌部分

第一课　中国现代"白话文"的最早尝试
——胡适和他的白话诗作《蝴蝶》

 现代"白话诗"的创作背景

中国的"新诗"创作大致是从 1919 年左右开始的,从此中国人正式开始用白话文写诗、写小说、写散文、写戏剧。这里的"白话文"不仅包括了语言形式的革新,也要求抒写新时代的新内容、新思想、新情感、新意境。

 胡适:一位历史上获得博士学位最多的人

胡适(1891—1962)曾留学美国,他的老师是美国著名教育家约翰·杜威(John Dewey)。胡适有着非常大的社会文化影响力,他一生中除了获得美国哥伦比亚大学的博士学位外,还获得了 35 个荣誉博士学位。

胡适是中国最早提出改革"旧文学"、提倡"新文化"理论主张的人。他 26 岁就被聘为北京大学的教授,被学生誉为"青年

导师"。他还曾于1938—1942年担任驻美国大使,1946—1948年任北京大学校长。他1949年去美国,1958年返回台湾任"中央研究院"院长。1962年在台北病逝。

作为留学美国的博士和"洋派"文人,胡适却娶了一个没有多少文化的小脚¹太太。不过,他们不但相伴终生,胡适还曾因为"惧内²",提出过新"三从四得³"之说:"三从"即太太出门要跟从,太太命令要服从,太太说错了要盲从;"四得"即太太化妆要等得,太太生日要记得,太太打骂要忍得,太太花钱要舍得。

因此,胡适去世时,蒋介石⁴敬献给胡适的挽联上写道:"新文化中旧道德的楷模,旧伦理中新思想的师表。"

---

1. 小脚:特指旧时中国女性缠裹的小脚,因"小"而得名。过去人们把女性缠裹过的脚称为"莲",三寸长的为"金莲"。这种传统对女性伤害极大,到了近代社会逐渐废止。
2. 惧内:怕老婆。
3. 得:这里的"得"与"德"谐音,音同字不同,意思也完全不同。"三从四德"是中国古代对女性道德行为的规范和要求。具体来说,"三从"是指未嫁从(听从)父、既嫁从(辅助)夫、夫死从(抚养)子;"四德"是指妇德(品德)、妇言(谈吐)、妇容(相貌)、妇功(家务)。体现了男尊女卑社会中,女性地位的低下和次要。这里的新"三从四得",谐音谐趣,也体现了社会发展过程中女性地位的提高。
4. 蒋介石(1887—1975):名中正,字介石,是中国近现代史上的著名政治人物及军事家。

三 白话诗集《尝试集》的地位和价值

胡适是一位著名学者、文学家、思想家、哲学家。他一生中创作很多，他的诗集《尝试集》[5]是20世纪白话诗的初步实践。其价值在于：

作为早期新诗，这些诗已经和中国古典诗歌有了本质的区别，在格律[6]、内容、语言表达方式上，完成了对中国古典诗歌的革新和超越。

《尝试集》分为三编，第一编是胡适在美国留学期间创作的，后两编写于归国后。内容上多为写景、伤别、怀友，语言形式上都是传统的五言、七言和长短句的格式，表现出现代诗逐渐脱离传统、向新诗发展过渡的痕迹。

《蝴蝶》是《尝试集》中著名的一首诗。

四 《蝴蝶》品读

【课文】

蝴 蝶

两个黄蝴蝶，双双飞上天。
不知为什么，一个忽飞还。
剩下那一个，孤单怪可怜。
也无心上天，天上太孤单。

---

5 《尝试集》：初版于1920年，由上海亚东图书馆印行，其版本多，印量大，流传广，影响力非常大。

6 格律：指中国古代诗、词、曲、赋在字数、句数、对偶、平仄、押韵等方面的格式和准则。

1916 年 8 月 23 日

（原载于 1917 年《新青年》第 2 卷第 6 号）

五 诗歌赏析

1.《蝴蝶》在形式上类似中国古代五言律诗。全篇共八句，每两句一组，每一句五个字，且偶句押 an 韵，但在语言上已经完全使用"白话"，让人一看就懂。

请大家在诵读的基础上理解，并最终实现可以背诵。

2. 谈谈诵读《蝴蝶》后的情感体验，并理解这首诗的文学史价值。

这首诗歌语言平实易懂，甚至显得十分浅白。不过，我们不能用过高的美学标准来要求它，而是应该结合当时的时代背景，站在宽容的价值立场来理解这首诗。作为一首从中国几千年诗歌传统的"母体"中挣脱而出的"新诗"，其缺陷与幼稚是难免的。这首诗的价值在于，它是"新文化运动"以来最早的"白话诗"。

3. 蝴蝶——中国文化中表达爱情的意象物

在中国古代诗歌里，很多诗歌借蝴蝶来抒写爱情。广泛流传的四大民间爱情故事之一的《梁山伯与祝英台》[7]，也是以蝴蝶作为爱情意象物的。如今，在流行歌曲中，蝴蝶仍然可以用来表达爱情。歌手庞龙的《两

---

[7] 《梁山伯与祝英台》：简称《梁祝》。故事大致为：祝英台女扮男装离家读书，遇上了让她一见倾心的梁山伯。无奈祝英台后来被家人许配给马文才做妻子，梁山伯相思成疾最后郁郁而死，祝英台也为爱殉情，两人死后化成了一对形影相随的蝴蝶。中国有很多以这一民间传说为主题的影视剧及音乐作品。

只蝴蝶》就是一个例子。《两只蝴蝶》歌词如下：

亲爱的 你慢慢飞

小心前面带刺的玫瑰

亲爱的 你张张嘴

风中花香会让你沉醉

亲爱的 你跟我飞

穿过丛林去看小溪水

亲爱的 来跳个舞

爱的春天不会有天黑

我和你缠缠绵绵翩翩飞

飞跃这红尘永相随

追逐你一生

爱恋我千回

不辜负我的柔情你的美

我和你缠缠绵绵翩翩飞

飞跃这红尘永相随

等到秋风起

秋叶落成堆

能陪你一起枯萎也无悔

4. 诗歌主题分析

《蝴蝶》这首诗写于1916年，当时胡适已经在美国留学，并认识了人生的知己韦莲司[8]，他们就像两只"双双飞上天"的蝴蝶那样快乐。但在传统中国，婚姻必须由家长做主，胡适的母亲在国内已经给儿子订了婚，并催促胡适回家成亲。所以，其中一只蝴蝶不得不"忽飞还"，剩下韦莲司一个人孤苦伶仃，也真"怪可怜"。

我们可以联系诗歌的写作背景再进一步分析思考：当时在诗歌领域，白话诗虽然已有人提倡，但"白话诗无甚可取"的观念还是占据了主流。胡适的好友朱经农[9]便写信劝胡适放弃"尝试"。在主张得不到朋友支持、赞成的情况下，胡适感到孤寂、苦闷。

所以，《蝴蝶》不仅是写爱情，也是诗人当时孤寂、苦闷心情的自然流露。

六 思考与问答

蝴蝶以其身美、形美、色美，历来为中国文人、墨客描写和咏颂。蝴蝶非常美丽，被誉为"会飞的花朵"。它们飞舞的身体，令人体会到融入大自然的赏心悦目；它们成双成对，又是幸福和爱情的象征。因此，蝴蝶在中国意味着幸福、爱情、甜蜜和美满。

1. 你还了解中国有哪些描写、歌颂蝴蝶的诗歌吗？
2. 请谈谈在你的国家，蝴蝶都有怎样的文化象征？你的国家还有哪些象征自由和爱情的文化符号？

---

8 韦莲司：全名为艾迪丝·克利福德·韦莲司(Edith Clifford Williams)，是胡适1914年在美国康奈尔大学认识的女友。
9 朱经农：曾经赴日、赴美留学，中国著名教育家、学者、诗人。

3. 你的国家在历史上曾经有过什么样的民俗？你如何评价？

【延伸阅读】

> # 希 望
> 胡 适
>
> 我从山中来，带得兰花草，
> 种在小园中，希望开花好。
> 一日望三回，望到花时过；
> 急坏看花人，苞也无一个。
> 眼见秋天到，移花供在家；
> 明年春风回，祝汝满盆花。

1921 年 10 月 4 日

（这首小诗同样选自《尝试集》，后被改编成歌曲《兰花草》，广为传唱）

第二课　留学欧美的浪漫绅士
——徐志摩和他的《再别康桥》

 诗人徐志摩

徐志摩（1897—1931）是中国现代著名诗人。他曾在1918年留学美国，学习银行学；后赴英国留学，入剑桥大学研究政治经济学。留学期间，徐志摩深受欧美浪漫主义的影响，加上他本人生性浪漫多情，兴趣转向了新诗创作。他的诗歌和他的人生一样真诚浪漫，充满了爱、美和自由。

徐志摩死于飞机失事。在非常短暂的一生中，他留下了大量优秀的诗歌创作，主要作品有诗集《猛虎集》等，《再别康桥》便是《猛虎集》中的一篇代表作，抒发了诗人离开他所留学的地方——剑桥大学时依依不舍的心情。

二 徐志摩的诗歌创作对现代新诗的推进

中国新诗在发展的最初阶段，是完全的"自由诗"。当时诗歌创作遵循的是胡适的诗体大解放的口号：话怎么说，诗就怎么写。强调诗歌要从古典诗歌的束缚中挣脱出来，彻底自由和解放。但是，当新诗完全自由、解放后，就暴露出过分散漫、缺乏诗意的弱点。诗歌成了分行的散文。于是，以徐志摩为代表的一批诗人，提倡"理性节制情感"的诗歌美学原则，主张对感情加以控制，让感情在一定诗歌规则形式中抒发出来。

三 新的诗歌规则形式

"理性节制情感"的诗歌美学原则，具体落实到诗歌创作规则上，主要体现在三个方面，即：建筑美、绘画美、音乐美。建筑美，是指诗歌各节的匀称和各句的整齐。绘画美，是指诗歌用词讲究色彩。音乐美，就是强调诗歌要有节奏感和旋律。

这些规则，分别吸收了西方格律诗和中国古典格律诗的一些元素，对于提高新诗的艺术水平起到了巨大的作用。

徐志摩诗歌基本上符合这三个规则。但最突出、最有魅力的，是他诗歌的音乐性。

四 《再别康桥》品读

【课文】

再别康桥[1]

轻轻的我走了,

　　正如我轻轻的来;

我轻轻的招手,

　　作别西天的云彩。

那河畔[2]的金柳,

　　是夕阳中的新娘;

波光里的艳影[3],

　　在我的心头荡漾[4]。

软泥上的青荇[5],

　　油油的在水底招摇[6];

1　康桥:Cambridge,现在译为剑桥,在英国的东南部,这里指剑桥大学。1921年10月—1922年8月,徐志摩曾经在这里学习。1928年,诗人故地重游,11月6日在回国的航船上,写下了这首著名的诗作。
2　河畔(hé pàn):河边。
3　艳影:艳丽的倒影。
4　荡漾(dàngyàng):这里指水面起伏波动。
5　青荇(xìng):多年生草本植物,叶子略呈圆形,浮在水面,根生在水底,花黄色。
6　招摇:这里有逍遥、自在的意思。

在康河的柔波里,

　　我甘心做一条水草!

那榆荫下的一潭[7],

　　不是清泉,是天上虹;

揉碎在浮藻间,

　　沉淀[8]着彩虹似的梦。

寻梦?撑一支长篙[9],

　　向青草更青处漫溯[10];

满载一船星辉,

　　在星辉斑斓[11]里放歌。

但我不能放歌,

　　悄悄是别离的笙箫[12];

夏虫也为我沉默,

　　沉默是今晚的康桥!

7　潭(tán):深水。
8　沉淀(chéndiàn):积累的意思。
9　篙(gāo):用竹竿或杉木等制成的撑船工具。
10　溯(sù):逆着水流的方向走,与水流的方向相反。
11　斑斓(bānlán):指颜色多彩绚烂。
12　笙箫(shēng xiāo):中国传统吹奏乐器,这里可以理解为这些乐器发出的声音。

悄悄的我走了，
　正如我悄悄的来；
我挥一挥衣袖，
　不带走一片云彩。

11月6日，中国海上

（原载于1928年《新月》月刊第1卷第10号）

五　诗歌赏析

1. 体会诗歌的"音乐美""建筑美""绘画美"

（1）音乐美是徐志摩诗歌突出的艺术特色，徐志摩的每一首诗几乎都是完美的抒情乐曲。《再别康桥》中流畅的节奏、和谐的韵律，形成音乐美的艺术境界。全诗一共七节，每节四行，每行二到三个节拍。如：

轻轻的/我/走了，
　正如我/轻轻的/来（ai）；
我/轻轻的/招手，
　作别/西天的/云彩（ai）。

那河畔的/金柳，
　是/夕阳中的/新娘（ang）；
波光里的/艳影，
　在/我的心头/荡漾（ang）。
　　……

基本上每节二、四行押韵，每节换韵，和谐匀称而又富于变化。全诗押韵的地方为：来/彩（ai）、娘/漾（ang）、摇/草（ao）、虹/梦（ong/eng）、箫/桥（ao）。

另外，诗人还利用现代汉语特有的词语重叠、排比[13]句段、首尾呼应等所产生的音乐感，强化了诗歌音韵的轻柔舒缓、低回流转。

（2）这首诗从整体上看，非常整齐对称，像一座美丽的建筑。每一节中单行和双行都错开一格排列，单行和双行的字数也分别保持基本一致，给人以形式结构上的美感。

（3）诗歌的语言多选用有色彩的词语，如"云彩、金柳、夕阳、波光、艳影、青荇、彩虹、青草"等，给读者留下了视觉上的色彩想象。可以说，全诗几乎每一节都好像一幅色彩明艳的画，给人以绘画般的美感。

2. 诗歌内容讲解

《再别康桥》是一首别情诗，抒发诗人对剑桥大学的离情别绪。全诗第一节便将全部感情集中在"别"字上。"西天的云彩"是美丽理想的象征，"轻轻"是小心珍惜的样子。诗人一再重复吟唱，大概是不愿惊动、打扰它的美好。轻轻挥手作别，表现了诗人内心不忍离去、依依惜别的心情。

第二节至第四节描绘康桥最优美的康河风光，诗人选取了独特的康河岸边的"金柳"、河底的"青荇"、河面"红叶"的倒影，展示了康河优美的景色，也抒发了诗人的热爱之情。

第五节、第六节采用动态的描绘，诗情经历了由"放歌"到"沉默"

---

13 排比：是指把结构相同或相似、意思密切相关、语气一致的词语或句子成串地排列的一种方法，能够起到加强语气的效果。

的转折,最后在笙箫声中悄悄别去,"沉默"中包含了浓厚的故园情思和人生感叹。

第七节呼应第一节,是情绪的扩展,感情的深化,用"悄悄"置换"轻轻",愁别依恋之情更加深沉。"我挥一挥衣袖,不带走一片云彩",看似轻松,实际上表现出诗人告别康桥时的"不忍"然而"决绝"的神态。

全诗融情于景,将"康桥理想"化为轻轻招手作别的"西天的云彩",化为对康河上一切美好自然风景的向往。

3. 诗歌主题分析

在剑桥大学学习的那段经历,对于徐志摩来说,具有非常重要的意义,几乎决定了他一生的基本思想。徐志摩对欧美政治、文化和浪漫主义的信念,就是在康桥形成的。正如他自己所说:"我的眼是康桥教我睁的,我的求知欲是康桥给我拨动的,我的自我意识是康桥给我胚胎的。"[14]

4. 在诵读的基础上理解,并最终实现可以背诵诗中经典诗句。

六 思考与问答

1. 你认为大学对于一个人的成长和思想成熟有多大的作用?你最向

---

14 选自徐志摩散文《吸烟与文化》,写于1926年1月14日,后收入散文集《巴黎的鳞爪》。

往的是哪所大学？

2. 你觉得徐志摩的"康桥理想"是什么？你的理想又是什么？

3. 你还了解哪些中国著名诗人或诗作？

4. 你最喜欢的诗人是谁？为什么？

5. 请介绍一些你所熟知的经典诗句。

【延伸阅读】

雪花的快乐

徐志摩

假如我是一朵雪花，
翩翩的在半空里潇洒，
　　我一定认清我的方向——
　　飞扬，飞扬，飞扬，——
这地面上有我的方向。

不去那冷寞的幽谷，
不去那凄清的山麓，
　　也不上荒街去惆怅——
　　飞扬，飞扬，飞扬，——
你看，我有我的方向！

在半空里娟娟的飞舞，

认明了那清幽的住处,
　　等着她来花园里探望——
　　飞扬,飞扬,飞扬,——
　　啊,她身上有朱砂梅的清香!

那时我凭借我的身轻,
　　盈盈的,沾住了她的衣襟,
　　贴近她柔波似的心胸——
　　消溶,消溶,消溶——
　　溶入了她柔波似的心胸!

1924 年 12 月 30 日

(选自诗集《志摩的诗》,中华书局 1925 年初版)

【特别推送】

1. 徐志摩的诗不仅被广为诵读,还有十多首诗作被谱曲演唱,包括《再别康桥》和《雪花的快乐》等,有兴趣可以搜索音乐网站了解。

2. 二十集电视连续剧《人间四月天》(2000 年 1 月,中国台湾纵横国际影视股份有限公司出品,导演曾念平、丁亚名),讲述了徐志摩与林徽因、陆小曼、张幼仪三人的感情纠葛,大致呈现出诗人短暂的一生。

第三课　浓浓的古典中国味儿
——戴望舒的诗作《雨巷》

一　诗人戴望舒

戴望舒（1905—1950）中学毕业后就开始从事文学创作，他最早是写小说，但后来诗歌作品最有名。他和徐志摩一样，性格中带有浪漫主义色彩，但是多了一份忧郁和感伤。他喜欢抒写爱情的苦闷和惆怅。1928年，他在《小说月报》上发表《雨巷》一诗。这首诗深受法国象征派诗人魏尔伦[1]影响，且追求诗歌的音乐性，成为传诵一时的名作，戴望舒也因此被称为"雨巷诗人"。1929年4月，他的第一本诗集《我底[2]记忆》出版，《雨巷》收入其中。

1　保罗·魏尔伦（Paul Verlaine，1844—1896）：法国诗人，是象征主义派别的早期领导人。象征主义（Symbolism）是19世纪在法国等出现的一种艺术思潮。
2　底：同"的"。

压抑、哀怨的诗歌情调

戴望舒诗歌的思想情感并不博大浑厚,他不善于抒发深厚的社会意识和人生体验,他的诗歌大多是表现个人化的情感体验,充满着无法自拔的忧郁凄凉的悲剧感。这种寂寞、哀伤的情绪,是戴望舒诗歌情感的基本色调。

散发出浓浓的古典韵味

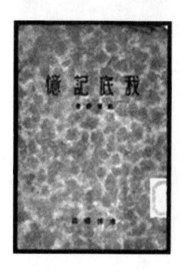

戴望舒的诗歌最突出的价值,便是散发出中国古典诗歌的韵味,具有浓郁的民族风格。这里的古典韵味主要表现为,他在诗歌中加入了很多中国古诗词中常见的如丁香、百合、花枝、残叶、晚云、古树、钟声、残月、夕阳、荒坟、篱墙、雨巷等意象[3],显示出戴望舒深厚的古典文学素养。

四 突出诗歌的音乐性

戴望舒在20世纪20年代中期进入诗坛,当时徐志摩等人是诗坛当中最引人注目的诗人,戴望舒自然受到了他们诗歌理论的影响。另外,戴望舒还醉心于法国象征派诗人魏尔伦的诗歌,魏尔伦也非常注重诗歌

---

[3] 意象:image,这里指诗人表达思想感情的艺术形象。

的音乐性。

　　戴望舒的第一本诗集《我底记忆》中的诗,大都"追求着音律的美",《雨巷》是最著名的一篇。

五 《雨巷》品读

【课文】

雨　巷

撑着油纸伞,独自
彷徨[4]在悠长,悠长
又寂寥[5]的雨巷,
我希望逢[6]着
一个丁香一样地
结着愁怨[7]的姑娘。

她是有
丁香一样的颜色,
丁香一样的芬芳,
丁香一样的忧愁,

4　彷徨(pánghuáng):走来走去,不知道往哪里走,形容犹豫不决。
5　寂寥(jìliáo):寂寞空虚,没有声音。
6　逢(féng):遇到,见面。
7　愁怨(chóuyuàn):忧愁怨恨。

在雨中哀怨[8]，

哀怨又彷徨；

她彷徨在这寂寥的雨巷，

撑着油纸伞

像我一样，

像我一样地

默默彳亍[9]着，

冷漠[10]，凄清[11]，又惆怅[12]。

她静默地走近

走近，又投出

太息[13]一般的眼光，

她飘过

像梦一般地，

像梦一般地凄婉[14]迷茫。

像梦中飘过

8　哀怨（āiyuàn）：悲伤而含有怨恨。

9　彳亍（chìchù）：形容慢步走，走走停停。

10　冷漠（lěngmò）：冷淡，不关心。

11　凄清（qīqīng）：凄凉冷清。

12　惆怅（chóuchàng）：忧愁，郁闷，失意。

13　太息（tàixī）：叹气。

14　凄婉（qīwǎn）：指悲伤婉转，形容声音凄切婉转。

一枝丁香地，
我身旁飘过这女郎；
她静默地远了，远了，
到了颓圮[15]的篱墙，
走尽这雨巷。

在雨的哀曲里，
消了她的颜色，
散了她的芬芳，
消散了，甚至她的
太息般的眼光，
丁香般的惆怅。

撑着油纸伞，独自
彷徨在悠长，悠长
又寂寥的雨巷，
我希望飘过
一个丁香一样地
结着愁怨的姑娘。

1927年夏

（原载于1928年8月《小说月报》第19卷第8号）

15　颓圮（tuípǐ）：倒塌、堕落、败坏的意思。

六 诗歌赏析

1. 体会诗歌优美的旋律

《雨巷》明显具有音乐美的特点。全诗共七节,每节六行,每节押ang 韵,一韵到底,由于 ang 韵响亮有力,在一定程度上冲淡了诗歌的压抑情绪。

诗歌的第一节和最后一节是重复呼应的,首尾完全一样,使诗歌增添了循环反复的意味。抒写了诗人在寻找中彷徨,在失落中追寻的人生体验,暗合了希望——追寻——失望——再希望的永恒循环的生命本质。这就好比生命从初始,经历一个过程,又仿佛回到了初始;人生从饱含希望,到痛苦失望,再到还会有所希望,而新的希望到头来也许同样还是失望。如此反复吟唱,更加强化了作品的悲剧感受。

2. 独特的诗歌意象

"丁香"作为诗人表达情绪的意象,来自中国古代,如唐代诗人李商隐在《代赠》中的诗句"芭蕉不展丁香结,同向春风各自愁"[16];又如南唐诗人李煜在《浣溪沙》中写道"青鸟不传云外信,丁香空结雨中愁"[17]。然而,戴望舒突破了中国古代诗人以丁香比喻愁苦的特性,将丁香意象上升为对人生理想的追寻,进一步扩展了诗歌的情绪空间。

---

16 诗歌大意为:芭蕉的蕉心还没有展开,丁香花一丛丛好像打了结;虽然同在春风里被吹拂,但是恋人不在同一个地方,无法见面,只能互相思念。

17 诗歌大意为:青鸟无法传递远方所思念的人儿的一点儿消息,绵绵春雨中开放的一丛丛丁香花,好像恋人结成的愁怨。

3. 诗歌内容讲解

诗作开篇以舒缓低沉的笔触,描绘了一条"悠长而又寂寥的雨巷",它既是诗人所处的客观环境,又是诗人心灵境况的真实写照。也就是说,戴望舒感受到的生活,就如同在雨巷徘徊一样。

"悠长,悠长而又寂寥的雨巷"作为中心意象,朦胧而富有象征意味,构成作品的整体氛围。在这样的"雨巷"里,"我"迷惘、彷徨,希望逢着"一个丁香一样地结着愁怨的姑娘",她有着"丁香一样的颜色,丁香一样的芬芳"。她"哀怨又彷徨",像"我"一样在雨巷中"默默彳亍着,冷漠,凄清,又惆怅"。"丁香一样的姑娘"是诗人情绪的对象化,是诗人梦寐以求的知音或恋人,也可以看成诗人的人生理想或目标的象征。

然而,她却像梦一般地从身旁飘走,她的"太息般的眼光,丁香般的惆怅"也随之消散在雨的哀曲里,留下"我"只是"像梦一般地凄婉迷茫",又将继续"彷徨在悠长,悠长又寂寥的雨巷",开始新的人生探寻。

4. 诗歌主题分析

《雨巷》的主题是多义的,从具体的创作背景看,它委婉地表现了诗人在黑暗现实中找不到出路,却又不甘心的精神痛苦与迷茫。如果不考虑诗人写作时的具体背景,从文本看,它是一首爱情诗,表现了抒情主人公"我"对"丁香般"的姑娘的苦苦追寻。从人生意义的高度看,它又好像一首哲理诗,概括了"我"对人生意义的探求过程。

七 思考与问答

1. 你了解西方的象征主义思潮及相关创作吗？可否简单介绍相关的代表人物？

2. 你认为徐志摩和戴望舒的诗作风格相近吗？你更喜欢谁的诗歌？

3. 在你的国家，诗人喜欢用什么诗歌意象来表达感伤、迷茫、失落等情绪？你喜欢什么样的诗歌意象？

【延伸阅读】

我用残损的手掌[18]

戴望舒

我用残损的手掌
摸索这广大的土地：
这一角已变成灰烬，
那一角只是血和泥；
这一片湖该是我的家乡，
（春天，堤上繁花如锦幛，
嫩柳枝折断有奇异的芬芳，）
我触到荇藻和水的微凉；
这长白山的雪峰冷到彻骨，

---

[18] 诗歌创作于1942年，后收入诗集《灾难的岁月》。通过这首诗，可以体会到战争年代诗人创作情感和风格的较大转变。

这黄河的水夹泥沙在指间滑出；

江南的水田，你当年新生的禾草

是那么细，那么软……现在只有蓬蒿；

岭南的荔枝花寂寞地憔悴，

尽那边，我蘸着南海没有渔船的苦水……

无形的手掌掠过无限的江山，

手指沾了血和灰，手掌黏了阴暗，

只有那辽远的一角依然完整，

温暖，明朗，坚固而蓬勃生春。

在那上面，我用残损的手掌轻抚，

像恋人的柔发，婴孩手中乳。

我把全部的力量运在手掌

贴在上面，寄与爱和一切希望，

因为只有那里是太阳，是春，

将驱逐阴暗，带来苏生，

因为只有那里我们不像牲口一样活，

蝼蚁一样死……

那里，永恒的中国！

1942 年 7 月 3 日

（选自《灾难的岁月》，上海星群出版社 1948 年出版）

散文部分

第四课 "中国现代文学之父"鲁迅和他眼中的"中国人"
——细读散文《说"面子"》

【作者简介】

鲁迅(1881—1936),原名周樟寿,后改名为周树人,字豫才。"鲁迅"是他1918年发表第一篇白话文小说《狂人日记》时开始使用的笔名。鲁迅曾留学日本,学习医科,后弃医从文。在他看来,国民精神上的疾病比身体上的更需要医治。回国后,鲁迅主要从事教书和写作。鲁迅是中国新文化运动的主要人物之一,写过很多短篇小说,他写的杂文[1]思想尤其深刻。《且介亭杂文》里的《说"面子"》一篇,就揭露了当时国民精神上的一种"疾病"。

毛泽东[2]曾经高度评价鲁迅:"他不但是伟大的文学家,而且是伟大的思想家和伟大的革命家。""鲁迅的方向,就是中华民族新文化的方向。"[3]

---

1 杂文:一种散文体裁,一般比较短小、深刻,偏重议论,也可以叙事,能够直接快速地反映社会或人心。
2 毛泽东(1893—1976):中华人民共和国的主要缔造者和领导人。
3 选自《新民主主义论》,1940年1月。

【课文】

说"面子"

"面子",是我们在谈话里常常听到的,因为好像一听就懂,所以细想的人大约不很多。

但近来从外国人的嘴里,有时也听到这两个音,他们似乎在研究。他们以为这一件事情,很不容易懂,然而是中国精神的纲领[4],只要抓住这个,就像二十四年前的拔住了辫子一样[5],全身都跟着走动了。相传前清时候,洋人到总理衙门[6]去要求利益,一通威吓[7],吓得大官们满口答应,但临走时,却被从边门送出去。不给他走正门,就是他没有面子;他既然没有了面子,自然就是中国有了面子,也就是占了上风[8]了。这

> 外国人明白中国人的"面子"的含义吗?

> 为什么"洋人"从总理衙门回去的时候不给走正门?

---

4 纲领(gānglǐng):指起指导作用的原则。
5 1911年辛亥革命以前,中国处于清政府的统治之中,男人后脑勺都挂着一条长辫子。辛亥革命获得成功,清政府被推翻,从此老百姓终于可以剪掉辫子了。
6 总理衙门:"总理各国事务衙门"的简称。清政府管理外交事务的中央机构,咸丰十一年(1861)设立,光绪二十七年(1901)改为外务部。
7 威吓(wēihè):指用威力或权势使对方感到害怕。
8 占上风(zhàn shàngfēng):指占据有利地位,处于优势。

是不是事实,我断不定⁹,但这故事,"中外人士"中是颇¹⁰有些人知道的。

> 你认为"洋人"在乎从哪个门走吗?

因此,我颇疑心他们想专将"面子"给我们。

> 为什么"我"颇疑心"洋人"专将"面子"给"我们"?

但"面子"究竟是怎么一回事呢?不想还好,一想可就觉得胡涂¹¹。它像是很有好几种的,每一种身份,就有一种"面子",也就是所谓"脸"。这"脸"有一条界线,如果落到这线的下面去了,即失了面子,也叫作"丢脸"。不怕"丢脸",便是"不要脸"。但倘使¹²做了超出这线以上的事,就"有面子",或曰¹³"露脸"。而"丢脸"之道,则因人而不同,例如车夫坐在路边赤膊¹⁴捉虱子¹⁵,并不算什么,富家姑爷坐在路边赤膊捉虱子,才成为"丢脸"。但车夫也并

> 中国人对"面子"有清楚的认识吗?

> 为什么车夫坐在路边捉虱子不算什么,但是有钱人坐在路边捉虱子就"丢脸"?

---

9 断不定:不能断定,不能下结论。
10 颇(pō):很,非常,相当地。
11 胡涂(hútu):同"糊涂",对事物的认识模糊或混乱。
12 倘使(tǎngshǐ):假如,如果。
13 曰(yuē):说,叫作。
14 赤膊(chì bó):赤裸着胳膊,也指光着上身。
15 虱子(shīzi):这里指人身上的一种寄生虫,吸食血液,传染疾病。

非没有"脸",不过这时不算"丢",要给老婆踢了一脚,就躺倒哭起来,这才成为他的"丢脸"。这一条"丢脸"律[16],是也适用于上等人的。这样看来,"丢脸"的机会,似乎上等人比较的多,但也不一定,例如车夫偷一个钱袋,被人发见,是失了面子的,而上等人大捞一批金珠珍玩,却仿佛也不见得怎样"丢脸",况且还有"出洋考察"[17],是改头换面的良方[18]。

谁都要"面子",当然也可以说是好事情,但"面子"这东西,却实在有些怪。九月三十日的《申报》就告诉我们一条新闻:沪[19]西有业木匠大包作头[20]之罗立鸿,为其母出殡[21],邀开"赁器店[22]之王树宝夫妇帮忙,因来宾众多,

旁注:
- 为什么车夫被老婆踢一脚就躺倒哭起来算"丢脸"呢?上等人被老婆踢一脚就哭,算丢脸吗?
- 为什么车夫偷钱袋被发现是失面子,而上等人捞金珠珍玩却不"丢脸"?
- 为什么"面子"这东西实在有些怪?请简单复述一下《申报》里这条新闻的内容。

---

16 律(lǜ):法则,标准。
17 出洋考察:指当时一些军人、政客在不得不脱离政治舞台时的一种托词、借口。
18 良方:治疗效果好的药方,多指好办法。
19 沪(hù):上海的别称。
20 作头:领头,带头。
21 出殡(chū bìn):指把棺材放进墓穴安葬。
22 赁器店(shìqìdiàn):出租婚丧喜庆应用所需的器物和陈设的铺子。

所备白衣[23]，不敷[24]分配，其时适[25]有名王道才，绰号[26]三喜子，亦[27]到来送殡，争穿白衣不遂[28]，以为有失体面，心中怀恨，……邀集[29]徒党[30]数十人，各执[31]铁棍，据说尚有[32]持手枪者多人，将王树宝家人乱打，一时双方有剧烈之战争，头破血流，多人受有重伤……"。白衣是亲族有服者所穿的，现在必须"争穿"而又"不遂"，足见[33]并非亲族，但竟以为"有失体面"，演成这样的大战了。这时候，好像只要和普通有些不同便是"有面子"，而自己成了什么，却可以完全不管。这类脾气，是"绅商"[34]也不免发露[35]

> 这个叫王道才的人为什么要争穿白衣？

> 王道才没有穿上白衣，心中怀恨，之后他做了什么？他这样做就有面子了吗？

> 如何理解"只要和普通有些不同便是'有面子'"？

---

23 所备白衣：所准备的白色的孝服。
24 不敷（fū）：不足，不够。
25 适（shì）：恰好。
26 绰号（chuòhào）：外号。
27 亦（yì）：也。
28 不遂（búsuì）：不成功，没有如愿。
29 邀集（yāojí）：把很多人邀请到一起。
30 徒党（túdǎng）：门徒，党羽，一伙人。
31 执（zhí）：拿着。
32 尚有：还有。
33 足见：可以看出，不难想见。
34 绅商：绅士和商人。
35 发露：显示，流露。

的：袁世凯[36]将要称帝的时候，有人以列名于劝进表[37]中为"有面子"；有一国从青岛撤兵[38]的时候，有人以列名于万民伞[39]上为"有面子"。

> 如何理解列名于"劝进表"和"万民伞"为有面子？

所以，要"面子"也可以说并不一定是好事情——但我并非说，人应该"不要脸"。现在说话难，如果主张"非孝"，就有人会说你在煽动打父母，主张男女平等，就有人会说你在提倡乱交——这声明是万不可少的。

> 为什么说要面子并不一定是好事情？"现在说话难"在这里是什么意思？

况且，"要面子"和"不要脸"实在也可以有很难分辨的时候。不是有一个笑话么？一个绅士有钱有势，我假定他叫四大人罢，人们都

> 为什么"要面子"和"不要脸"有时候很难分辨？请复述这个笑话。

---

36 袁世凯（1859—1916）：字慰亭，河南项城人。原是清朝直隶总督兼北洋大臣、内阁总理大臣。辛亥革命后，窃取中华民国大总统职位。1915年12月12日宣布自称皇帝，1916年1月复辟帝制，自称"洪宪皇帝"，遭到全国反对。同年3月，被迫取消帝制，6月病死。
37 劝进表：这里指故意劝袁世凯当皇帝的章表。
38 指1922年12月日本撤走占领青岛的军队。
39 万民伞：旧时中国的百姓为赞扬地方官的德政而赠送的伞。在旧时中国，地方官离任的时候，这个地方的绅商百姓得表示一点儿挽留的意思。比较通行的方式是送"万民伞"，伞上缀有许多小绸条，写着赠送人的名字。意思是这个父母官像伞一样遮蔽、保护着一方的老百姓。送的伞越多，表示这个官越有面子。

以能够和他扳谈[40]为荣。有一个专爱夸耀[41]的小瘪三[42]，一天高兴的告诉别人道："四大人和我讲过话了！"人问他："说什么呢？"答道："我站在他门口，四大人出来了，对我说：滚开去！"当然，这是笑话，是形容这人的"不要脸"，但在他本人，是以为"有面子"的，如此的人一多，也就真成为"有面子"了。别的许多人，不是四大人连"滚开去"也不对他说么？

在上海，"吃外国火腿"[43]虽然还不是"有面子"，却也不算怎么"丢脸"了，然而比起被一个本国的下等人所踢来，又仿佛近于"有面子"。

中国人要"面子"，是好的，可惜的是这"面子"是"圆机活法"[44]，善于变化，于是就和"不要脸"混起来了。长谷川如是闲[45]说"盗泉"云：

> 为什么"吃外国火腿"不算怎么丢脸？为什么被外国人踢比被本国人踢更"有面子"？这反映了怎样的文化心态？

> 为什么说中国人要面子是善于变化的？

40　扳谈（pāntán）：同"攀谈"，闲谈。
41　夸耀（kuāyào）：向别人显示自己的长处、优势、功劳等。
42　瘪三（biēsān）：上海方言中指没有正当职业、以乞讨或偷窃为生的人。
43　吃外国火腿：旧时上海俗语，上海人对于被外国人踢了的一种解嘲的说法。
44　圆机活法：随机应变的方法。"圆机"，语出《庄子·盗跖》。
45　长谷川如是闲（1875—1969）：日本评论家。著有《现代社会批判》《日本的性格》等。

"古之君子，恶其名而不饮，今之君子，改其名而饮之。"[46]也说穿了"今之君子"的"面子"的秘密。

十月四日

（原载于1934年10月上海《漫画生活》月刊第2期）

【思考与问答】

1. 你听过中国人谈论关于"面子"的话题吗？

2. 你觉得中国人爱"面子"吗？

3. "面子"对你来说重要吗？

4. 在你的国家，人们看重"面子"吗？请举一些例子来说明。

5. 你认为在这篇杂文里，鲁迅对中国人的爱"面子"，有怎样的看法和态度？

6. 谈谈你对鲁迅的了解和评价。

7. 在你的国家，有像鲁迅这种风格的作家吗？

8. 你认为你们国家的人最大的特点是什么？为什么会形成这种特点？

---

46 古之君子，恶其名而不饮，今之君子，改其名而饮之：源自中国古书《尸子》中的故事，意思是古代的君子路过叫"盗泉"的地方，尽管口很渴，但因为名字里有"盗"，也不喝那泉水。现在的君子会改变那泉水的名字，然后安心喝水。长谷川如是闲以此将以前的君子与现在的君子作比。鲁迅在这里是批评现在的所谓"君子"其实只是名义上的"君子"，是假君子。

【特别推送】

1. 电影《鲁迅》,导演丁荫楠,2005年上映。通过这部电影,你可以大致了解鲁迅的生平、思想及部分作品。

2. 鲁迅一些作品被改编成影视剧,其中有代表性的如:同名电影《阿Q正传》(导演岑范,1981年上映);同名电影《伤逝》(导演水华,1981年上映);同名电影《祝福》(导演桑弧,1956年上映)。

【延伸阅读】

<h3 style="text-align:center">立 论[47]</h3>
鲁 迅

我梦见自己正在小学校的讲堂上预备作文,向老师请教立论的方法。

"难!"老师从眼镜圈外斜射出眼光来,看着我,说。"我告诉你一件事——

"一家人家生了一个男孩,合家高兴透顶了。满月的时候,抱出来给客人看,——大概自然是想得一点好兆头。

"一个说:'这孩子将来要发财的。'他于是得到一番感谢。

"一个说:'这孩子将来要做官的。'他于是收回几句恭维。

"一个说:'这孩子将来是要死的。'他于是得到一顿大家合力的痛打。

---

47 此篇最初发表于1925年7月13日《语丝》周刊第35期,后收入作者散文诗集《野草》中。

"说要死的必然,说富贵的许谎。但说谎的得好报,说必然的遭打。你……"

"我愿意既不谎人,也不遭打。那么,老师,我得怎么说呢?"

"那么,你得说:'啊呀!这孩子呵!您瞧!多么……。阿唷!哈哈!Hehe!He,hehehehe!'"

一九二五年七月八日

第五课 "传奇"才女张爱玲的"流言"
——细读散文《到底是上海人》

【作者简介】

张爱玲(1920—1995)出身名门,她的奶奶是清朝后期中国著名政治家、外交家李鸿章的女儿。张爱玲非常有才华,三岁开始背唐诗,七岁就能写小说,她喜欢描写上海、香港等地的世俗生活,尤其是男女之间的情爱关系。她的作品让她在20世纪40年代的上海滩一夜成名,就像她给自己的短篇小说集命名为《传奇》那样,张爱玲把自己也活成了"传奇"。

那么,这个"传奇"女子眼中的上海人是怎样的呢?她的散文集《流言》里,就有一篇专门写上海人的散文——《到底是上海人》。

【课文】

到底是上海人

> 作者对上海人的第一印象是什么?

> 作者对广东人、印度人、马来人的印象分别又是什么?

一年前回上海来,对于久违[1]了的上海人的第一个印象是白与胖。在香港,广东人十有八九是黝黑[2]瘦小的,印度人还要黑,马来人还要瘦。看惯了他们,上海人显得个个肥白如瓠[3],像代乳粉的广告。

> 作者在这里说,上海人之"通"是什么意思?

> 作者认为,香港的大众文学有什么特点?这个对比说明了什么?

第二个印象是上海人之"通"。香港的大众文学可以用脍炙人口[4]的公共汽车站牌"如要停车,乃[5]可在此"为代表。上海就不然[6]了。初到上海,我时常由心里惊叹出来:"到底是上海人!"我去买肥皂,听见一个小学徒向他的同伴解释:"喏,就是'张勋'[7]的'勋','功勋'[8]的'勋',

---

1 久违(jiǔwéi):好久不见。
2 黝黑(yǒuhēi):颜色深黑。
3 瓠(hù):可以吃的一种长圆形的植物。
4 脍炙人口(kuàizhì-rénkǒu):比喻好的诗文或事物被众人所称赞。
5 乃(nǎi):于是,就。
6 不然:不这样。
7 张勋(1854—1923):清朝末年军事将领。
8 功勋(gōngxūn):指对国家、对人民做出巨大的贡献。

不是'薰风'⁹的'薰'。"《新闻报》上登过一家百货公司的开幕¹⁰广告，用骈散并行¹¹的阳湖派¹²体裁写出切实动人的文字，关于选择礼品不当¹³的危险，结论是："友情所系，讵不大哉！"¹⁴似乎是讽刺，然而完全是真话，并没有夸大性。

上海人之"通"并不限于文理清顺，世故练达¹⁵。到处我们可以找到真正的性灵¹⁶文字。去年的小报上有一首打油诗¹⁷，作者是谁我已经忘了，可是那首诗我永远忘不了。两个女伶¹⁸请

> 上海的大众文学与香港的相同吗？这里"买肥皂"的见闻是什么意思？

> 《新闻报》上的广告文字有什么特点？从中可以推断出上海文化又有什么特点？

> 作者认为，上海人之"通"还有什么表现？

9　薰风（xūnfēng）：和暖的风，初夏的东南风。
10　开幕（kāi mù）：原指表演开始时拉开舞台前的幕，也指一件事、一种情况的开始。
11　骈（pián）散并行：指文章中使用骈句和散句相结合的表达方式。骈句，指结构相似、内容相关、行文相邻、字数相等的两句话；散句就没有这么多要求，骈句以外的句子都是散句。
12　阳湖派：清代散文流派，其主要开创者恽敬是江苏阳湖（今武进）人，所以叫这个名字。
13　不当（búdàng）：不合适，不恰当。
14　友情所系，讵（jù）不大哉（zāi）：意思大致为友情很珍贵，难道不是吗？讵，岂，怎，表示反问。哉，语气助词，相当于"吗""呢"。
15　世故练达：世故，指熟悉世俗人情习惯，待人处事圆通周到；练达，指熟练通达，了解世故人情。
16　性灵：指人的精神、性情、情感。
17　打油诗：指有趣味、语言通俗易懂的小诗。
18　女伶（líng）：旧时演奏乐器、演戏或唱歌的女子。

| 这首打油诗的意思是什么？ | 作者吃了饭，于是他就做诗了："樽[19]前相对两头牌[20]，张女云姑一样佳。塞饱肚皮连赞道：难觅[21]任使[22]踏穿鞋！"多么可爱的，曲折的自我讽嘲[23]！这里面有无可奈何[24]，有容忍[25]与放任[26]——由疲乏[27]而产生的放任，看不起人，也不大看得起自己，然而对于人与己依旧保留着亲切感。更明显地表示那种态度的有一副对联[28]，是我在电车上看见的，用指甲在车窗的黑漆上刮出字来："公婆有理，男女平权。"一向是"公说公有理，婆说婆有理"，由他们去吧！各有各的理。"男女平等"，闹了这些年，平等就平等吧！——又是由疲乏而起的放任。那种 |

为什么说这首诗是可爱的，曲折的自我讽嘲？

"公婆有理，男女平权"是什么意思？"公说公有理，婆说婆有理"又是什么意思？

---

19 樽（zūn）：酒樽，古代盛酒的器具。
20 头牌：旧时演戏时，演员名字写在牌子上挂出来，挂在最前面的牌子叫头牌，也是最主要的演员。
21 觅（mì）：找，寻求。
22 任使（rènshǐ）：即使。
23 讽嘲（fěngcháo）：讽刺，嘲笑。
24 无可奈何：没有办法，只能这样了。
25 容忍（róngrěn）：宽容，忍耐。
26 放任（fàngrèn）：不约束，不干涉，听其自然。
27 疲乏（pífá）：疲倦困乏。
28 对联：中国传统文化的一种形式，是写在纸上、布上或刻在竹子、木头、柱子上的字数相同、意思相对的语句。

满脸油汗的笑,是标准中国幽默的特征。

> 如何理解"那种满脸油汗的笑,是标准中国幽默的特征"?

上海人是传统的中国人加上近代高压生活的磨练[29],新旧文化种种畸形[30]产物的交流,结果也许是不甚[31]健康的,但是这里有一种奇异[32]的智慧。

> 上海人"奇异"的智慧是怎样产生的?

谁都说上海人坏,可是坏得有分寸。上海人会奉承[33],会趋炎附势[34],会混水里摸鱼[35],然而,因为他们有处世艺术,他们演得不过火[36]。关于"坏",别的我不知道,只知道一切的小说都离不了坏人。好人爱听坏人的故事,坏人可不爱听好人的故事。因此我写的故事里没有一个主角是个"完人"。只有一个女孩子可以说是

> "谁都说上海人坏,可是坏得有分寸"这句话是什么意思?

> 你同意"好人爱听坏人的故事,坏人可不爱听好人的故事"这个观点吗?为什么?

---

29 磨练(móliàn):在艰苦困难的环境中经受锻炼。
30 畸形(jīxíng):生物体某部分发育不正常。
31 甚(shèn):很,极,非常。
32 奇异(qíyì):特别的,突出的,新鲜的,奇特的,很新奇。
33 奉承(fèngcheng):对人说好听的话,向人讨好,拍马屁。
34 趋炎附势(qūyán-fùshì):奉承和依附有权有势的人。
35 混水摸鱼(húnshuǐ-mōyú):趁混乱的时候,从中捞取不正当的利益。
36 过火(guò huǒ):说话、办事超过适当的分寸或限度。

合乎理想的，善良、慈悲[37]、正大[38]，但是，如果她不是长得美的话，只怕她有三分讨人厌。美虽美，也许读者们还是要向她叱[39]道："回到童话里去！"在《白雪公主》与《玻璃鞋》里，她有她的地盘。上海人不那么幼稚。

我为上海人写了一本香港传奇，包括《泥香屑》《一炉香》《二炉香》《茉莉香片》《心经》《琉璃瓦》《封锁》《倾城之恋》七篇[40]。写它的时候，无时无刻不想到上海人，因为我是试着用上海人的观点来察看香港的。只有上海人能够懂得我的文不达意[41]的地方。

> 作者说她喜欢上海人，那为什么她又要说上海人"坏"呢？

我喜欢上海人，我希望上海人喜欢我的书。

（原载于 1943 年 8 月上海《杂志》月刊第 11 卷第 5 期）

37　慈悲（cíbēi）：给人快乐，将人从苦难中救出来，慈爱与怜悯。

38　正大：光明正大，言行正派。

39　叱（chì）：大声呵斥。

40　七篇：原文"七篇"疑有误。编者注。

41　文不达意：指文字、词句不能确切地表达出意思和感情。

【思考与问答】

1. 这篇散文提到了张爱玲的七篇短篇小说,正是这些作品使她成名。你了解张爱玲和她的作品吗?
2. 你知道和张爱玲及其小说相关的影视剧有哪些吗?
3. 你去过上海吗?如果去过,请谈谈你对上海和上海人的印象。
4. 北京给你的感觉又是什么样的?你觉得北京人有什么特点?

【延伸阅读】

爱[42]

张爱玲

这是真的。

有个村庄的小康之家的女孩子,生得美,有许多人来做媒,但都没有说成。那年她不过十五六岁吧,是春天的晚上,她立在后门口,手扶着桃树。她记得她穿的是一件月白的衫子。对门住的年轻人同她见过面,可是从来没有打过招呼的,他走了过来。离得不远,站定了,轻轻地说了一声:"噢,你也在这里吗?"她没有说什么,他也没有再说什么,站了一会,各自走开了。

就这样就完了。

后来这女子被亲眷拐子卖到他乡外县去作妾,又几次三番地被转卖,经过无数的惊险的风波,老了的时候她还记得从前那一回事,常常说起,在那春天的晚上,在后门口的桃树下,那年轻人。

---

[42] 张爱玲感情细腻、敏感,她很擅长描写男女之间微妙的内心情感。请从这篇小短文中体味她的创作风格和特色。

于千万人之中遇见你所要遇见的人，于千万年之中，时间的无涯的荒野里，没有早一步，也没有晚一步，刚巧赶上了，那也没有别的话可说，惟有轻轻地问一声："噢，你也在这里吗？"

（原载于1944年4月上海《杂志》月刊第13卷第1期）

第六课 "美文"与"美酒"的完美相遇
——周作人散文《谈酒》细读

【作者简介】

周作人(1885—1967)是鲁迅的弟弟,中国现代著名散文家,中国民俗学的开拓人,新文化运动的杰出代表。周作人和他哥哥鲁迅一样,也曾去日本留学,回国后做过北京大学教授。

周作人的散文写得非常好,主要的散文集有《泽泻集》等,《谈酒》便是集中的一篇散文。周作人在散文里"谈酒",可以说是把中国文化中的"美酒"与"美文"完美结合的成功典范。

【课文】

谈 酒

这个年头儿,喝酒倒是很有意思的。我虽是京兆[1]人,却生长在东南的海边,是出产酒

---

1 京兆(jīngzhào):西安的古称。

的有名地方。我的舅父和姑父家里时常做几缸自用的酒,但我终于不知道酒是怎么做法,只觉得所用的大约是糯米[2],因为儿歌里说:"老酒糯米做,吃得变nionio"——末一字是本地叫猪的俗语。做酒的方法与器具似乎都很简单,只有煮的时候的手法极不容易,非有经验的工人不办,平常做酒的人家,大抵聘请[3]一个人来,俗称"酒头工",以自己不能喝酒者为最上,叫他专管鉴定[4]煮酒的时节。有一个远房亲戚,我们叫他"七斤公公"——他是我舅父的族叔[5],但是在他家里做短工,所以舅母只叫他作"七斤老",有时也听见她叫"老七斤",是这样的酒头工,每年去帮人家做酒;他喜吸旱烟,说玩话,打麻将,但是不大喝酒(海边的人喝一两碗是不算能喝,照市价计算也不值十文钱的酒),

> 为什么自己不能喝酒的"酒头工"最好?
>
> "七斤公公"跟我是什么关系?
>
> 为什么舅母叫他"七斤老"?
>
> "七斤老"有什么爱好?

---

2 糯米(nuòmǐ):人们经常食用的粮食之一,黏性比较大。
3 聘请(pìnqǐng):任职,任用。
4 鉴定(jiàndìng):判断事物的真假、好坏。
5 族叔(zúshū):家族父辈中,比父亲年轻的人。

所以生意很好,时常跑一二百里路被招到诸暨[6]嵊县[7]去。据他说这实在并不难,只须走到缸边屈[8]着身听,听见里边起泡的声音切切察察的,好像是螃蟹[9]吐沫(儿童称为"蟹煮饭")的样子,便拿来煮就得了;早一点酒还未成,迟一点就变酸了。但是怎么是恰好的时期,别人仍不能知道,只有听熟的耳朵才能够断定,正如古董[10]家的眼睛辨别古物一样。

> "七斤老"怎样判断煮酒的时间?这个时间对于一般人来说,容易掌握吗?

大人家饮酒多用酒盅[11],以表示其斯文[12],实在是不对的。正当的喝法是用一种酒碗,浅而大,底有高足,可以说是古已有之的香槟杯[13]。

> 作者认为酒的正当的喝法是什么?

> 酒盅和酒碗有什么区别?

---

6 诸暨(Zhūjì):地名,浙江省中北部的一个历史悠久的县级市。
7 嵊县(Shèngxiàn):现名嵊州市,浙江中部偏东的县级市。
8 屈(qū):弯曲。
9 螃蟹(pángxiè):一种生活在淡水或海里的甲壳类动物。
10 古董(gǔdǒng):先人留给我们的文化遗产、珍奇物品,上面沉积着古代的历史、文化、社会信息等。
11 酒盅(jiǔzhōng):用来喝酒的小杯子。
12 斯文(sīwén):指有教养,懂礼貌,很文雅。
13 香槟杯:用于喝香槟酒的高脚杯。

平常起码[14]总是两碗，合一"串筒"，价值似[15]是六文一碗。串筒略[16]如倒写的凸字，上下部如一与三之比，以洋铁[17]为之，无盖无嘴，可倒而不可筛[18]，据好酒家说酒以倒为正宗，筛出来的不大好吃。唯酒保[19]好[20]于量酒之前先"荡"（置水于器内，摇荡而洗涤[21]之谓[22]）串筒，荡后往往将清水之一部分留在筒内，客嫌[23]酒淡，常起争执，故喝酒老手必先戒[24]堂倌[25]以勿[26]荡串筒，并监视[27]其量好放在温酒架上。能饮者

酒保在酿酒前常常怎么做？

喝酒老手为了防止酒味淡，又会怎么做？能喝酒的人，一般喜欢喝什么酒？

---

14 起码（qǐmǎ）：最低限度，至少。
15 似（sì）：似乎，好像，大概。
16 略（lüè）：大概，大致。
17 洋铁（yángtiě）：镀锡或镀锌的铁皮。
18 筛（shāi）（酒）：筛，斟酒，倒酒。意思是把酒过滤一下，去掉里面的杂质。
19 酒保：旧称酒店或客栈里的服务人员，主要负责招呼客人，为客人端茶倒水。
20 好（hào）：喜好，常常。
21 洗涤（xǐdí）：清洗。
22 之谓：说的就是这个意思。
23 嫌（xián）：不满意。
24 戒（jiè）：告诫，警告。
25 堂倌（tángguān）：旧时民间对饭店、酒馆中的服务人员的称谓。
26 勿（wù）：不要。
27 监视（jiānshì）：从旁监察注视。

多索²⁸竹叶青，通称²⁹曰"本色"，"元红"系状元红之略，则着色³⁰者，唯³¹外行人喜饮³²之。在外省有所谓³³花雕³⁴者，唯本地酒店中却没有这样东西。相传昔³⁵时人家生女，则酿酒贮³⁶花雕（一种有花纹的酒坛）中，至女儿出嫁时用以饷客³⁷，但此风今已不存，嫁女时偶³⁸用花雕，也只临时买元红充数³⁹，饮者不以为珍品⁴⁰。有些喝酒的人预备家酿，却有极好的，每年做醇酒⁴¹若干坛，按次第⁴²埋园中，二十年后掘

> "花雕酒"最早是怎么来的？

> 如今嫁女儿大都喝什么酒？这些算好酒吗？

28　索（suǒ）：讨取，要。
29　通称（tōngchēng）：通常称为，一般叫作。
30　着色（zhuó sè）：绘画，涂颜色。
31　唯（wéi）：只有，只是。
32　喜饮：喜欢喝（酒）。
33　所谓：所说的。
34　花雕（huādiāo）：属于黄酒的一种，因装在雕花的坛子里而得名，浙江绍兴的花雕酒最有名。
35　昔（xī）：以前，过去。
36　贮（zhù）：储存。
37　饷（xiǎng）客：招待客人。
38　偶：偶尔，次数少。
39　充数：以次充好，勉强凑数。
40　珍品：珍贵的物品。
41　醇酒（chúnjiǔ）：味浓、香郁的纯正的美酒。
42　次第（cìdì）：次序。

> 家酿算好酒吗?这种酒是怎样做出来的?"我"在哪里喝过这种酒?

取[43],即每岁[44]皆[45]得饮二十年陈[46]的老酒了。此种陈酒例不发售[47],故无处可买,我只有一回在旧日业师[48]家里喝过这样好酒,至今还不曾忘记。

我既是酒乡的一个土著[49],又这样的喜欢谈酒,好像一定是个与"三酉"[50]结不解缘[51]的酒徒了。其实却大不然。我的父亲是很能喝酒的,我不知道他可以喝多少,只记得他每晚用花生米水果等下酒[52],且喝且[53]谈天,至少要花费两点钟,恐怕所喝的酒一定很不少了。但我却是不肖[54],不,或者可以说有志未遂[55],因为我很喜

> "我"的父亲能喝酒吗?"我"的父亲喝酒的时候用什么下酒?他喝一次酒会喝多长时间?

---

43 掘取(juéqǔ):挖出来。
44 每岁:每年。
45 皆(jiē):都,全。
46 陈(chén):旧的,时间久的。
47 例不发售:从来不卖。
48 业师:教过自己的老师。
49 土著(tǔzhù):指一个地方的原始居民。
50 三酉(sānyǒu):"酒"的隐语。
51 结不解缘(jié bùjiěyuán):指两者结下不可分开的缘分。
52 下酒:就着菜肴、果品把酒喝下去。
53 且……且……:一边……一边……。
54 不肖(búxiào):没有出息,不才,不贤。
55 未遂(wèisuì):没有达到目的,没有实现。

欢喝酒而不会喝，所以每逢酒宴我总是第一个醉与脸红的。自从辛酉[56]患病后，医生叫我喝酒以代药饵[57]，定量是勃兰地[58]每回二十格阑姆[59]，葡萄酒与老酒等倍之，六年以后酒量一点没有进步，到现在只要喝下一百格阑姆的花雕，便立刻变成关夫子[60]了。（以前大家笑谈称作"赤[61]化"，此刻自然应当谨慎[62]，虽然是说笑话。）有些有不醉之量的，愈[63]饮愈是脸白的朋友，我觉得非常可以欣羡[64]，只可惜他们愈能喝酒便愈不肯喝酒，好像是美人之不肯显示她的颜色[65]，这实在是太不应该了。

"我"的酒量如何？

"我"喝酒后有怎样的表现？

患病后，医生让"我"喝多少酒？

从文章中可见，酒量大的人和酒量小的人，在脸部表现上有怎样的区别？

56　辛酉：中国传统天干地支的纪年方法，这里指1921年。

57　药饵（yào'ěr）：药物。

58　勃兰地：现译为白兰地。

59　格阑姆：克，重量单位。

60　关夫子：关羽（？—220），汉朝末年的一员大将，因为忠义，死后被神化。他在民间的形象之一是脸红。

61　赤（chì）：红色。

62　谨慎（jǐnshèn）：细心慎重，对外界事物或自己言行密切注意，以免发生不利或不幸的事情。

63　愈（yù）：更，越。

64　欣羡（xīnxiàn）：非常羡慕。

65　颜色：这里是面容的意思。

| 为什么可以时常买黄酒喝？ | □□ |

黄酒比较的便宜一点，所以觉得时常可以买喝，其实别的酒也未尝[66]不好。白干[67]于

| 白干对"我"来说怎样？ | □□ |

我[68]未免[69]过凶一点，我喝了常怕口腔内要起泡，山西的汾酒与北京的莲花白虽然可喝少

| "我"喜欢喝汾酒和莲花白吗？ | □□ |

许[70]，也总觉得不很和善。日本的清酒我颇喜欢，只是仿佛新酒模样，味道不很静定。葡萄酒与

| 清酒的味道如何？ | □□ |

橙皮酒都很可口，但我以为最好的还是勃兰地。我觉得西洋人不很能够了解茶的趣味，至于酒

| "我"觉得最好的酒是什么？ | □□ |

则很有工夫，决不下于中国。天天喝洋酒当然是一个大的漏卮[71]，正如吸烟卷一般，但不必

| "我"认为应该天天喝"洋酒"吗？ | □□ |

一定进国货党，咬定牙根要抽净丝，随便喝一点什么酒其实都是无所不可的，至少是我个人这样地想。

喝酒的趣味在什么地方？这个我恐怕有点

66　未尝（wèicháng）：不是、没、不的意思。加在否定词前面，构成双重否定。

67　白干（báigān）：白酒，无色，含水分少。

68　于我：对我来说。

69　未免（wèimiǎn）：实在是，不能不说是。

70　少许（shǎoxǔ）：一点点，少量。

71　漏卮（lòuzhī）：古时指有漏洞的盛酒器，比喻酒量大，没有限度。

说不明白。有人说，酒的乐趣是在醉后的陶然[72]的境界。但我不很了解这个境界是怎样的，因为我自饮酒以来似乎不大陶然过，不知怎的我的醉大抵[73]都只是生理的，而不是精神的陶醉[74]。所以照我说来，酒的趣味只是在饮的时候，我想悦[75]乐大抵在做的这一刹那，倘若说是陶然那也当是杯在口的一刻罢。醉了，困倦了，或者应当休息一会儿，也是很安舒的，却未必能说酒的真趣是在此间。昏迷，梦魇[76]，呓语[77]，或是忘却现世忧患之一法门[78]；其实这也是有限的，倒还不如把宇宙性命都投在一口美酒里的耽溺[79]之力还要强大。我喝着酒，一面也怀着"杞天

> 有人认为，喝酒的趣味是什么？

> "我"喝酒感受到过"陶然"的境界吗？

> 对"我"来说，喝酒的趣味在什么时候？

> 在"我"看来，喝醉了就能忘却了现世的忧患吗？

---

72 陶然（táorán）：闲适欢乐的样子。

73 大抵（dàdǐ）：大概，大致。

74 陶醉（táozuì）：表示很满意地沉浸在某种境界或思想活动中。

75 悦（yuè）：高兴，愉快。

76 梦魇（mèngyǎn）：指在睡眠时，因梦中受惊吓而喊叫；或觉得有什么东西压在身上，不能动弹。常用来比喻经历过的可怕的事情。

77 呓语（yìyǔ）：梦话，比喻说糊涂话。

78 法门：宗教用语，引申指一切方法、途径。

79 耽溺（dānnì）：指无节制、无原则、无限制地沉湎于某种事物或某种爱好而不能控制。

> "我"担心礼教反动之后会引起怎样的风气?

> 结果会怎样避礼教的迫害?

> 作者认为在中国搞"运动"会彻底吗?

> 既然中国"青年的反拨"不会怎么"强盛",怎样喝酒才是有意思的?

之虑"[80],生恐强硬的礼教[81]反动之后将引起颓废[82]的风气,结果是借醇酒妇人以避礼教的迫害,沙宁(Sanin)时代[83]的出现不是不可能的。但是,或者在中国什么运动都未必彻底成功,青年的反拨力也未必怎么强盛,那么杞天终于只是杞天,仍旧能够让我们喝一口非耽溺的酒也未可知。倘若如此,那时喝酒又一定另外觉得很有意思了罢?

一九二六年六月二十日于北京

(原载于1926年6月28日《语丝》第85期,署名岂明)

【思考与问答】

1. 你了解中国酒的起源、分类以及制作方法吗?
2. 你知道中国有哪些有名的酒?
3. 你了解中国喝酒的习俗以及酒桌上的礼仪吗?
4. 你喜欢喝酒吗?如果参加酒会,你会选择哪种酒喝?

---

80 杞天之虑(qǐtiānzhīlǜ):比喻不必要的或缺乏根据的忧虑和担心。也叫杞人忧天,杞虑。

81 礼教:指旧传统中束缚人的思想行动的礼节和道德。

82 颓废(tuífèi):意志消沉,精神沮丧。

83 沙宁时代:指俄国1905年革命前后那段时期。

5. 你的国家有什么有名的酒？请简单介绍一两种。

6. 你喜欢的中国茶和美食有哪些？

【特别推送】

周作人曾经留学日本，他的妻子也是日本人，因此周作人比较熟悉日本。他在很多散文里谈及日本，如《日本与中国》《日本的衣食住》《日本的人情美》《谈日本文化书》《日本的诗歌》等。

通过阅读这些散文，可以大致了解一位半个多世纪前的中国人眼中的"日本"。

第七课　地道的"京味儿"作家和他眼里的英国人
——细读老舍的散文《英国人与猫狗》

【作者简介】

老舍（1899—1966），原名舒庆春，因为姓"舒"，把这个字拆开成舍、予，在第一个字前面加上"老"，便成了他的笔名——老舍。

老舍是满族人，生在北京，长在北京，是个地地道道的北京作家，因此，他的作品有着浓浓的"京味儿"。老舍有很多优秀的小说、话剧作品。他的散文写得也很好，1924年老舍赴英国伦敦大学东方学院，在那里教了五年汉语。他在散文中，生动细致地描写了他眼中的英国人，还有英国人对动物的喜爱。

【课文】

英国人与猫狗
——万物之灵的朋友

英国人爱花草，爱猫狗。由一个中国人看

第七课 地道的"京味儿"作家和他眼里的英国人

呢，爱花草是理之当然[1]，自要有钱有闲[2]，种些花草几乎可与藏些图书相提并论[3]，都是可以用"雅"字去形容的事。就是无钱无闲的，到了春天也免不掉花几个铜板[4]买上一两小盆蝴蝶花什么的，或者把白菜脑袋塞在土中，到时候也会开上几朵小十字花儿。在诗里，赞美花草的地方要比谀颂[5]美人的地方多得多，而梅兰竹菊[6]等等都有一定的品格，仿佛比人还高洁，可爱可敬，有点近乎一种什么神明[7]似的。在通俗的文艺里，讲到花神的地方也很不少，爱花的人每每在死后就被花仙迎到天上的植物园去，这点荒唐[8]，荒唐得很可爱。虽然这里还是含着与敬财神就得元宝一样的实利念头，可到底显着另

> 中国人常在诗歌里赞美什么？

> 中国的通俗文艺里，怎样表达对花的喜爱？

> 从这段描述里，你觉得作者也爱花草吗？

---

1 理之当然（lǐzhīdāngrán）：理所当然，理应如此。
2 有闲（yǒu xián）：有时间，有空闲。
3 相提并论（xiāngtí-bìnglùn）：意思是把不同的人或事物不加区别地混在一起来谈论或者看待。
4 铜板：铜币，清末民初以来的一种钱币。
5 谀颂（yúsòng）：阿谀赞颂，说好听的赞美的话。
6 梅兰竹菊：指梅花、兰花、竹子、菊花，是中国传统诗歌绘画的题材，被人称为"四君子"，象征人的品格或志向的高尚。
7 神明：这里指有超人能力的神仙。
8 荒唐（huāngtáng）：指思想、言行错误到使人觉得奇怪的程度。

有股子劲儿，和财迷[9]大有不同；我自己就不反对被花娘娘们接到天上去玩玩。

> 为什么英国人爱花草，我们觉得惭愧？

所以，看见英国人的爱花草，我们并不觉得奇怪，反倒是觉得有点惭愧[10]，他们的花是那么多呀！在热闹的买卖街上，自然没有种花草的地方了，可是还能看到卖"花插"的女人，和许多鲜花铺。稍讲究一些的饭铺酒馆自然要摆鲜花了。其他的铺户中也往往摆着一两瓶花，四五十岁的掌柜[11]们在肩下插着一朵玫瑰或虞美人也是常有的事。赶到一走到住宅区，看吧，差不多家家有些花，园地不大，可收拾得怪[12]好，这儿一片郁金香，那儿一片玫瑰，门道上还往往搭着木架，爬着那单片的蔷薇，开满了花，就和图画里似的。越到乡下越好看，草是那么绿，花是那么鲜，空气是那么香，一个中国人也有点惭愧了。五六月间，赶上晴暖的天，

> 作者认为，英国哪里的花草最好看？

9　财迷：指对金钱极为喜爱的人。
10　惭愧（cánkuì）：指因有缺点、错误或未能尽责等而感到不安或羞耻。
11　掌柜：是古代店主的俗称，也称"掌柜的"。主要用法是称呼店主。
12　怪（guài）：（口语）很，非常。

第七课 地道的"京味儿"作家和他眼里的英国人

到乡下去走走，真是件有造化¹³的事，处处都像公园。

> 这里"有造化的事"，指什么？

一提到猫狗和其他的牲口¹⁴，我们便不这么起劲¹⁵了。中国学生往往给英国朋友送去一束鲜花，惹得¹⁶他们非常的欢喜。可是，也往往因为讨厌他们的猫狗而招得他们撅了嘴。中国人对于猫狗牛马，一般的说，是以"人为万物灵"为基础而直呼它们作畜类的。正人君子呢，看见有人爱动物，总不免说声"声色狗马"¹⁷，"玩物丧志"¹⁸。一般的中等人呢，养猫养狗原为捉老鼠与看家，并不须¹⁹赏它们个好脸儿。那使着牲口的苦人呢，鞭子在手，急了就发威²⁰，又困

> 为什么一提到猫狗和其他牲口，"我们"便不这么起劲了？

> "我们"喜欢英国朋友的猫狗吗？作者认为，中国人为什么称猫狗牛马为"畜类"？所谓的"正人君子"看见有人爱动物，会有什么反应？

> 在中国，一般的中等人养猫养狗的原因是什么？使着牲口的穷人，对于动物，又是怎样的态度？

13　造化（zàohuà）：这里指福分，好运气。
14　牲口：一般指大型饲养动物，如牛、马、羊等。
15　起劲（qǐjìn）：表示情绪高，劲头大，或用劲，用力气。
16　惹得：这里是引得、使得的意思。
17　声色狗马（shēngsè-gǒumǎ）：也叫"声色犬马"。声，歌舞；色，女色；狗，养狗；马，骑马。指旧时统治阶级的淫乐方式。
18　玩物丧志（wánwù-sàngzhì）：玩，玩赏；丧，丧失；志，志气。指迷恋于所玩赏的事物而消磨了积极进取的志气。
19　须：必须。
20　发威（fā wēi）：显示威风。

> "我",为什么认为中国的牲口有点倒霉?

> 中国当时的法律认为,虐待丫头与媳妇是违法的吗?

> 中国人认为这辈子做了坏事,下辈子就会怎样?

> 为什么猪狗吃点哑吧亏才"正合适"?

于经济,它们的食水待遇活该[21]得按照哑吧畜生[22]办理,于是大概的说,中国的牲口实在有点倒霉[23],太监怀中的小巴狗,与阔寡妇[24]椅子上的小白猫,自然是碰巧了的例外。畜类倒霉,已经看惯,所以法律上也没有什么规定;虐待[25]丫头[26]与媳妇本还正大光明[27],哑吧畜生更无处诉委屈[28]去;黑驴告状[29]也并没陈告[30]它自己的事。再说,秦桧[31]与曹操[32]这辈子为人作歹[33],下辈便投胎猪狗,吃点哑吧亏才正合适。这样,就难怪我们觉得英国人对猫狗爱得有些过火了。说真

---

21 活该(huógāi):(口语)表示一点儿也不委屈,应该如此。
22 畜生(chùsheng):这里指家里饲养的可以带给自己利益的动物。
23 倒霉(dǎo méi):这里指运气不好,前途、命运很差。
24 阔寡妇:有钱的、死了丈夫的女人。
25 虐待(nüèdài):用狠毒残忍的手段对待人。
26 丫头:这里指女佣。
27 正大光明:心怀坦白,言行正派。
28 诉委屈:向别人倾吐、控告所受到的不公正待遇。
29 黑驴告状:中国传统民间故事,曾被改编成多种地方戏曲说书等,主要讲一头黑驴拦住官人的轿子,替主人申冤告状的故事。
30 陈告(chéngào):陈述,告状。
31 秦桧(1090—1155):南宋初年宰相,中国历史上有名的奸臣之一。
32 曹操(155—220):东汉末年杰出的政治家、军事家、文学家、书法家,三国中曹魏政权的奠基人。
33 作歹(zuò dǎi):做各种坏事。

第七课　地道的"京味儿"作家和他眼里的英国人

的，他们确是有点过火，不过，要从猫狗自己看呢，也许就不这么说了吧？狗食人食，而有些人却没饭吃，自然也不能算是公平，但是普遍的有一种爱物的仁慈，也或者无碍[34]于礼教吧！

> 你同意"狗食人食，而有些人却没饭吃，自然也不能算是公平"这个观点吗？

英国人的爱动物，真可以说是普遍的。有人说，这是英国人的海贼本性还没有蜕[35]净，所以总拿狗马当作朋友似的对待。据我看，这点贼性倒怪可爱；至少狗马是可以同情这句话的。无事可作的小姐与老太婆自然要弄条小狗玩玩了——对于这种小狗，无论它长得多么不顺眼，你可就是别说不可爱呀！——就是卖煤的煤黑子[36]，与送牛奶的人，也都非常爱惜他们的马。你想不到拉煤车的马会那么驯顺[37]、体面[38]、干净。煤黑子本人远不如他的马漂亮，他好像是以他

> 有些人认为，英国人拿狗马当朋友的原因是什么？

> 从文章里看，作者也爱狗马吗？

> 这里提到的爱动物的英国人都有哪些？

34　无碍（wú'ài）：没有阻碍；没有妨碍。
35　蜕（tuì）：脱去，除掉。
36　煤黑子（méihēizi）：旧时对煤炭工人的蔑称。
37　驯顺（xùnshùn）：性情柔和能服从。
38　体面（tǐmiàn）：好看，美丽，有光彩，有面子，有身份。

> 英国人看到马,大多会有怎样的反应?

> 拉车的马在参加比赛前,"煤黑子"都会做哪些准备工作?

> 英国有保护动物的相关法律吗?相比之下,北平拉煤车的马被怎样对待?

的马当作他的光荣。煤车被叫住了,无论是老幼男女,跟煤黑子说过几句话,差不多总是以这匹马作中心。有的过去拍拍马脖子,有的过去吻一下,有的给拿出根胡萝卜来给它吃。他们看见一匹马就仿佛外婆看见外孙子似的,眼中能笑出一朵花儿来。英国人平常总是拉着长脸,像顶着一脑门子官司,假若你打算看看他们也有个善心,也和蔼可爱,请你注意当他们立在一匹马或拉着条狗的时候。每到春天,这些拉车的马也有比赛的机会。看吧,煤黑子弄了瓶擦铜油,一边走一边擦马身上的铜活[39]呀。马鬃[40]上也挂上彩子或用各色的绳儿梳上辫子,真是体面!这么看重他们的马,当然的在平日是不会给气受的,而且载重[41]也有一定的限度,即使有狠心的人,法律也不许他任意欺侮[42]牲

---

39 铜活(tónghuó):建筑物或器物上各种铜制的物件。
40 马鬃(mǎzōng):指马颈上的长毛。
41 载重(zàizhòng):交通工具负担的重量。
42 欺侮(qīwǔ):欺负,侮辱。

口。想起北平[43]的煤车，当雨天陷[44]在泥中，煤黑子用支车棍往马身上楞[45]，真令人喊"生在礼教之邦的马哟"！

猫在动物里算是最富独立性的了，它高兴呢就来趴在你怀中，啰里啰唆[46]的不知道念着什么。它要是不高兴，任凭[47]你说什么，它也不答理。可是，英国人家里的猫并不因此而少受一些优待。早晚他们还是给它鱼吃，牛奶喝，到家主旅行去的时候，还要把它寄放到"托猫所"去，花不少的钱去喂养着；赶到旅行回来，便急忙把猫接回来，乖乖宝贝的叫着。及至老猫不吃饭，或把小猫摔了腿，便找医生去拔牙、接腿，一家子都忙乱着，仿佛有了什么了不得[48]的事。

> 你认为"真令人喊'生在礼教之邦的马哟'"有什么含义？

> 文章里说，猫有什么特点？

> 英国人家里的猫平时的生活怎么样？

> 英国人旅行时怎么处理猫？

> 猫生病或者受伤了，主人会怎么做？

43　北平：指现在的北京。
44　陷（xiàn）：掉进，坠入，沉下。
45　楞："扔"的北京土话，这里指用车棍打马。
46　啰里啰唆（luōliluōsuō）：指说话啰唆，絮叨，话多，含贬义。
47　任凭（rènpíng）：无论，不管。
48　了不得（liǎobude）：不寻常，很突出，了不起。

侧边提问	正文
英国人家里的狗的生活又是怎么样的？	狗呢，就更不用说，天生来的会讨人喜欢，作走狗，自然会吃好的喝好的。小哈吧狗们，在冬天，得穿上背心；出门时，得抱着；临睡的时候，还得吃块糖。电影院、戏馆，禁止狗们出入，可是这种小狗会"走私"，趴在老太婆的袖里或衣中，便也去看电影听戏，有时候一高兴便叫几声，招得老太婆头上冒汗。大狗虽不这么娇，可也很过得去。脚上偶一不慎[49]粘上一点路上的柏油，便立刻到狗医院去给套上一只小靴子，伤风咳嗽也须吃药，事儿多了去啦。
带狗去"禁止狗们出入"的地方，狗主人会怎么做？	
狗生病或者受伤后会被怎么对待？	
英国人家里养的狗会为主人做什么？	可是，它们也真是可爱，有的会送小儿去上学，有的会给主人叼着东西，有的会耍[50]几套玩艺，白天不咬人，晚上可挺厉害。你得听英国人们去说狗的故事，那比人类的历史还热闹有趣。
英国养狗的地方都有哪些？	人家、猎户、军队、警察所、牧羊人，都养狗，都爱狗。狗种也真多，大的、小的、宽的、细的、长毛的、短毛的，每种都有一定的尺寸，一定的长度，买来的时候还带着家谱，理直气
狗的种类有哪些？	

---

49 不慎（bú shèn）：不小心。
50 耍（shuǎ）：游戏，戏弄，施展。

壮[51]，一点不含糊！那真正入谱的，身价往往值一千镑钱！

年年各处都有赛猫会、赛狗会。参与比赛的猫狗自然必定都有些来历，就是那没资格入会的也都肥胖、精神。这就不能不想起中国的狗了，在北平，在天津，在许多大城市里，去看看那些狗，天下最丑的东西！骨瘦如柴[52]，一

> 英国那些没有资格参加比赛的猫狗的生活如何？

> 在中国的大城市里，狗大多是什么样子？

---

51 理直气壮（lǐzhí-qìzhuàng）：理直，理由正确、充分；气壮，气势旺盛。理由充分，说话气势就壮。
52 骨瘦如柴（gǔshòurúchái）：形容消瘦到极点。

> "我"为什么要替它们祷告,"下辈子不要再投胎到这儿来了"?

天到晚连尾巴也不敢撅[53]起来一回,太可怜了,人还没有饭吃,似乎不必先为狗发愁吧,那么,我只好替它们祷告[54],下辈子不要再投胎到这儿来了!

> 在英国,那些普通平常的马,都是怎样的形象?

> 卡通画"马之将来"里的马,在将来变成了什么?

> 如今的马,真的成为趴在客厅里的宠物了吗?

简直没有一个英国人不爱马。那些个作赛马用的,不用说了,自然是老有[55]许多人伺候[56]着;就是那平常的马,无论是拉车的,还是耕地的,也都很体面。有一张卡通,记得,画的是"马之将来",将来的军队有飞机坦克车去冲杀陷阵[57],马队自然要消灭了;将来的运输与车辆也用不着骡马们去拖拉,于是马怎么办呢?这张卡通——英国人画的——上说,它们就变成了猫狗:客厅里该趴着猫,将来是趴着匹马;老太婆上街该拉着狗,将来便牵着匹骡子。这未必成为事实,可是足见他们是怎样的舍不得骡

---

53 撅(juē):翘起来。
54 祷告(dǎogào):向神明求得保佑,祈祷。
55 老有:总是有。
56 伺候(cìhou):供人使唤,照料饮食起居,招待。这里指照料马。
57 冲杀陷阵(chōngshā-xiànzhèn):也叫"冲锋陷阵"。形容作战勇猛。

马了。

除了猫狗骡马,他们对于牛羊鸡猪也都很爱惜,这是要到乡间才可以看见的。有一回到乡间去看了朋友,他的祖父是个农夫,养着许多猪与鸡。老人的鸡都有名字,叫哪个,哪个就跑来。老人最得意的是他的那些肥猪,真是干净可爱。可是,有一天下了雨,肥猪们都下了泥塘,弄得满身是稀泥;把老人差点气坏了。总而言之,他们对牲口们是尽到力量去爱护,即使是为杀了吃肉的,反正在它们活着的时候总不受委屈。中国有许多人提倡吃素禁屠[58],可是往往寺院里放生的牲口皮包不住骨,别处的畜类就更不必说了。好死不如赖活着[59],是我们特有的哲学,可也真够残忍[60]的。

> 英国乡间的农夫,对待他们所养的牛羊鸡猪,又是怎样的态度?

> 这些动物的形象如何?

> 你同意"好死不如赖活着"这个观点吗?

对于鱼鸟鸽虫,英国人不如我们会养会玩,养这些玩艺的也就很少。卖猫狗的铺子里不错

> 在作者看来,中国人养鸟是真的喜爱鸟吗?为什么?

---

58 禁屠(jìn tú):为了祛灾祈福的目的,而禁止宰杀牲畜。
59 好死不如赖活着:活着再难,再痛苦,也比死了强。
60 残忍(cánrěn):残暴,狠毒。

> 在英国，曾经的斗鸡斗鹌鹑，为什么现在被禁止了？

> 你同意"小时候爱斗蟋蟀，长大了也必爱去看枪毙人"这个观点吗？

也卖鹦鹉、小兔、小龟和碧玉鸟什么的，可是养鸟的并不懂教给它们怎样的叫成套数[61]。据说，他们在老年间也斗鸡斗鹌鹑，现在已被禁止，因为太残忍。我们似乎也该把斗蟋蟀什么的禁止了吧？也不是怎么的，我总以为小时候爱斗蟋蟀，长大了也必爱去看枪毙人，没有实地的测验过，此说或不能成立；再说，还许是一点妇人之仁，根本要不得呢。

（原载于1937年6月1日《西风》第10期）

【思考与问答】

1. 你了解英国吗？你认为英国人爱动物吗？
2. 你喜欢动物吗？你家里养宠物吗？
3. 在你的国家，人们喜欢养宠物吗？你觉得你们国家最受欢迎的动物是什么？
4. 你的中国朋友喜欢动物吗？你觉得现在中国人对待动物的态度和这篇文章里相比，有没有变化？

61　套数（tàoshù）：戏曲或散曲中连贯成套的曲子。比喻成系统的技巧或手法。

第七课　地道的"京味儿"作家和他眼里的英国人

【特别推送】

老舍在英国教书的时候写了一部长篇小说《二马》,说的是一对姓马的父子在英国的生活经历。尽管时间上已经过去了近一个世纪,但小说里所描写的很多中英两国的文化差异和冲突,直到现在也没有过时,没有改变。小说散发着浓浓的北京味儿,又充满了英国式的幽默。

这部小说后来被改编成20集电视连续剧,1999年首播,导演沈好放。

小说部分

第八课　一场特殊的乡土"婚礼"
——乡土作家台静农和他的乡土小说《拜堂》

【作者简介】

台静农（1903—1990）从1923年开始发表文学作品。他是受鲁迅影响较深的"乡土文学"作家之一，创作大多反映中国乡间农民的贫苦生活。主要作品有短篇小说集《地之子》、散文集《龙坡杂文》等。小说《拜堂》便是《地之子》中的一篇。

"拜堂"，指旧中国男女结婚的习俗和形式。但在这篇小说中，作者并没有叙述浪漫的爱情故事，也没有描写热闹的婚礼场面，而是向我们讲述了一对穷苦农村男女一场简单又悲哀的"婚礼"。

【课文】

拜　堂

黄昏的时候，汪二将蓝布夹小袄托蒋大的屋里人[1]当[2]了四百大钱。拿了这些钱一气跑到

> 汪二为什么要把小袄当掉？

1　屋里人：即内人、老婆的意思。
2　当（dàng）：用实物做抵押向当铺借钱。

吴三元的杂货店，一屁股坐在柜台前破旧的大椅上，椅子被坐得格格地响。

"哪里来，老二？"吴家二掌柜问。

> 汪二为什么要去杂货店买香和黄表？

"从家里来。你给我请三股香，数³二十张黄表⁴。"

"弄什么呢？"

> 汪二说，是人家托他买的，他说实话了吗？

"人家下书子⁵，托我买的。"

"那么不要蜡烛吗？"

> 汪二一共买了多少东西？

"他妈的，将蜡烛忘了，那么就给我拿一对蜡烛罢。"

> 汪二买这些东西是用作什么？

吴家二掌柜将香表蜡烛裹⁶在一起，算了账，付了钱。汪二在回家的路上走着，心里默默地想：同嫂子拜堂成亲，世上虽然有，总不算好

3　这里的"请""数（shǔ）"都是"买"的意思。
4　黄表：黄表纸，中国传统民间祭祀用的黄纸。
5　下书子：即过婚书，中国传统民间结婚的一种文书、帖子。
6　裹（guǒ）：包；缠绕。

事。哥哥死了才一年，就这样了，真有些对不住。转而想，要不是嫂子天天催，也就可以不用磕头[7]，糊里糊涂[8]地算了。不过她说得也有理：肚子眼看一天大似一天，要是生了一男半女，到底算谁的呢？不如率性[9]磕了头，遮遮羞[10]，反正人家是笑话了。

> 嫂子为什么要天天催他拜堂成亲？

走到家，将香纸放在泥砌的供桌上。嫂子坐在门口迎着亮上鞋[11]。

"都齐备[12]了么？"她停了针向着汪二问。

"都齐备了，香，烛，黄表。"汪二蹲在地上，一面答，一面擦了火柴吸起旱烟来。

"为什么不买炮呢？"

> 汪二为什么不买炮？

---

7 磕头（kē tóu）：这里指拜堂，旧时结婚的一种仪式。
8 糊里糊涂（húli-hútu）：认识模糊，不清不楚。
9 率性（shuàixìng）：顺着本性，索性，干脆。
10 遮羞（zhē xiū）：把不适合让人看见的部分盖住，用言语或行动遮住羞耻、难堪的景象。
11 上鞋（shàng xié）：绱鞋。把制成的鞋帮和鞋底缝合起来，使其成鞋。
12 齐备（qíbèi）：齐全完备。

"你怕人家不晓得[13]么，还要放炮？"

> 汪大嫂为什么希望放炮？

"那么你不放炮，就能将人家瞒[14]住了！"她深深地叹了一口气。"既然丢了丑，总得图[15]个吉利，将来日子长，要过活的。我想哈[16]要买两张灯红纸，将窗户糊糊。"

"俺爹[17]可用告诉他呢？"

> 为什么汪大嫂不想把拜堂的事告诉汪二的父亲？

"告诉他作[18]什么？死多活少[19]的，他也管不了这些，他天天只晓得问人要钱灌酒。"她愤愤地说。"夜里还少不掉牵亲[20]的，我想找赵二的家里同田大娘，你去同她两个说一声。"

> 为什么汪二说不好意思去找田大娘她们？

"我不去，不好意思的。"

13　晓得（xiǎode）：知道，了解。
14　瞒（mán）：隐藏实情，不让别人知道。
15　图（tú）：希望得到。
16　哈：方言，这里指"还"。
17　俺爹：这里指汪二的父亲。
18　这里的"作"，是"做"的意思，下同。
19　死多活少：方言，这里指年纪大了。
20　牵亲：举行婚礼时陪伴新郎新娘的人，帮助解决一些婚礼形式上的事情。

第八课　一场特殊的乡土"婚礼"

"哼,"她向他重重地看了一眼。"要讲意思,就不该作这样丢脸的事!"她冷峭[21]地说。

> 这里"丢脸的事"是什么?

这时候,汪二的父亲缓缓地回来了。右手提了小酒壶,左手端着一个白碗,碗里放着小块豆腐。他将酒壶放在供桌上,看见了那包香纸,于是不高兴地说:

> 汪二的父亲回来看到香纸,为什么不高兴?

"妈的,买这些东西作什么?"

> 他以为汪二买香纸是用来干什么的?

汪二不理他,仍旧吸烟。

"又是许你妈的什么愿,一点本事都没有,许愿就能保佑你发财了?"

> 你感觉他们的家庭关系好吗?

汪二还是不理他。他找了一双筷子,慢慢地在拌豆腐,预备下酒。全室都沉默了,除了筷子捣碗声,汪二的吸旱烟声,和汪大嫂的上鞋声。

镇上已经打了二更[22],人们大半都睡了,全

21　冷峭(lěngqiào):形容冷气逼人或态度严峻,话语尖刻。
22　二更(èr gēng):晚上9点到11点。

镇归于静默。

她趁着夜静，提了蔑[23]编的小灯笼，悄悄地往田大娘那里去。才走到田家荻柴[24]门的时候，已听到屋里纺线的声音，她知道田大娘还没有睡。

> 汪大嫂为什么要在夜间悄悄地去田大娘家？

> 田大娘睡了吗？她在做什么？

"大娘，你开开门。哈在纺线呢。"她站在门外说。

"是汪大嫂么？在哪里来呢，二更都打了？"田大娘早已停止了纺线，开开门，一面向她招呼。

她坐在田大娘纺线的小椅上，半晌[25]没有说话，田大娘很奇怪，也不好问。终于她说了：

> 汪大嫂说的"丑事"指什么？

"大娘，我有点事……就是……"她未说出又停住了。"真是丑事，现在同汪二这样了。大

---

23 蔑（miè）：竹篾，成条的薄竹片。
24 荻柴（díchái）：多年生草本植物，生在水边，叶子长形，似芦苇，秋天开紫花，茎可以编席子。
25 半晌（bànshǎng）：方言，半天，好久。

娘，真是丑事，如今有了四个月的胎了。"她头是深深地低着，声音也随之低微。"我不恨我的命该受苦，只恨汪大丢了我，使我孤零零地，又没有婆婆，只这一个死多活少的公公。……我好几回就想上吊死去，……"

"唉，汪大嫂你怎么这样说！小家小户守²⁶什么？况且又没有个牵头²⁷；就是大家的少奶奶，又有几个能守得住的？"

> 你觉得田大娘认为这是"丑事"吗？田大娘不同意汪大嫂守寡的理由是什么？

"现在真没有脸见人……"她的声音有些哽咽了。

"是不是想打算出门²⁸呢？本来应该出门，找个不缺吃不缺喝的人家。"

> 田大娘认为汪大嫂应该怎么做才好？

"不呀，汪二说不如磕个头²⁹，我想也只有这一条路。我来就是想找大娘你去。"

> 汪大嫂丈夫死后，她的选择是什么？

26　守：守寡，丈夫死去以后妇女不再结婚。
27　牵头：这里指儿女。
28　出门：这里指离开丈夫的家，重新找人结婚。
29　磕个头：这里指结婚。

> 田大娘同意帮忙牵亲吗？

"要我牵亲么？"

"说到牵亲，真丢脸，不过要拜天地，总得要旁人的；要是不恭不敬地也不好，将来日子长，哈要过活的。"

> 除了田大娘，汪大嫂还打算找谁？

"那么，总得哈要找一个人，我一个也不大好。"

"是的，我想找赵二嫂。"

"对啦，她很相宜[30]，我们一阵[31]去。"田大娘说着，在房里摸了一件半旧的老蓝布褂穿了。

这深夜的静寂[32]的帷幕[33]，将大地紧紧地包围着，人们都酣卧[34]在梦乡里，谁也不知道大地上有这么两个女人，依着这小小的灯笼的微光，在这漆黑的帷幕中走动。

---

30 相宜（xiāngyí）：合适，符合，合理。
31 一阵：一起。
32 静寂（jìngjì）：形容安静到了极点。
33 帷幕（wéimù）：悬挂起来用于遮挡的大块的布、绸、丝绒等。
34 酣卧（hānwò）：熟睡。

渐渐地走到了,不见赵二嫂屋里的灯光,也听不见房内有什么声音,知道她们是早已睡了。

> 赵二嫂这会儿睡了吗?

"赵二嫂,你睡了吗?"田大娘悄悄地走到窗户外说。

"是谁呀?"赵二嫂丈夫的口音。

"是田大娘么?"赵二嫂接着问。

"是的,二嫂开开门,有话跟你说。"

赵二嫂将门开开,汪大嫂就便上前招呼:

"二嫂已经睡了,又麻烦你开门。"

"怎么,你两个吗,这黑夜头[35]从哪里来呢?"赵二嫂很惊奇地问。"你俩请到屋里坐,我来点灯。"

> 赵二嫂看到这两个人女人夜里来找她,有什么反应?

"不用,不用,你来我跟你说!"田大娘一

> 她们来的原因是谁说出来的?

---

35 黑夜头:指黑夜。

| 赵二嫂愿意帮忙吗？ | 把拉了她到门口一棵柳树的底下。低声地说了她们的来意。结果赵二嫂说：

"我去，我去，等我换件褂子。"

| 夜里在路上走，她们三个人是什么心情？ | 少顷[36]，她们三个一起在这黑的路上缓缓走着了，灯笼残烛[37]的微光，更加暗弱。柳条迎着夜风摇摆，荻柴沙沙地响，好像幽灵[38]出现在黑夜中的一种阴森[39]的可怕，顿时[40]使这三个女人不禁地感觉着恐怖[41]的侵袭[42]。汪大嫂更是胆小，

| 为什么汪大嫂几乎全身战栗得要叫起来了？ | 几乎全身战栗[43]得要叫起来了。

| 汪二在家里做什么？ | 到了汪大嫂家以后，烛已熄灭，只剩下烛烬[44]上一点火星了。汪二将茶已煮好，正在等着；汪大嫂端了茶敬奉[45]这两位来客。赵二嫂于是问：

36　少顷（shǎoqǐng）：一会儿，片刻。
37　残烛（cánzhú）：残留的、剩下的一点儿蜡烛。
38　幽灵（yōulíng）：（迷信）人死后的灵魂，泛指鬼神。
39　阴森（yīnsēn）：阴沉，昏暗，令人感到害怕。
40　顿时（dùnshí）：立刻，一下子。
41　恐怖（kǒngbù）：感到可怕，害怕。
42　侵袭（qīnxí）：暗中侵入，破坏。
43　战栗（zhànlì）：形容因过分激动、恐惧、寒冷等而发抖、哆嗦。
44　烛烬（zhújìn）：烛燃后的余烬，烛化为烬。
45　敬奉（jìngfèng）：指恭敬地献上（东西）。

"什么时候拜堂呢？"

"就是半夜子时[46]吧，我想。"田大娘说。

> 田大娘认为什么时候拜堂好？

"你两位看着罢，要是子时，就到了，马上要打三更[47]的。"汪二说。

"那么，你就净净手，烧香吧。"赵二嫂说着，忽然看见汪大嫂还穿着孝。"你这白鞋怎么成，有黑鞋么？"

"有的，今天下晚才赶着上起来的。"她说了，便到房里换鞋去了。

"扎头绳也要换大红的，要是有花，哈要戴几朵。"田大娘一面说着，一面到了房里帮着她去打扮。

> 作为"新娘"，汪大嫂拜堂时需要怎样的穿戴？

汪二将香烛都已烧着，黄表预备好了。供桌捡得干干净净的。于是轻轻地跑到东边墙外半间破屋里，看看他的爹爹是不是睡熟了，听

> 汪二做了怎样的准备？

> 为什么听到父亲熟睡的声音，汪二倒放心了？

46　子时：指半夜 11 点至第二日凌晨 1 点。
47　三更：又名"子时"，指晚上 11 点到凌晨 1 点。

在打鼾[48]，倒放下心。

> 婚礼的场合没有红毡子，赵二嫂想出来怎样的办法？

赵二嫂因为没有红毡子[49]，不得已将汪大嫂床上破席子拿出铺在地上。汪二也穿了一件蓝布大褂，将过年的洋缎小帽戴上，帽上小红结，系了几条水红线；因为没有红丝线，就用几条绵线替代了。汪大嫂也穿戴周周正正[50]地同了田大娘走出来。

> 作为"新郎"，汪二的穿戴怎么样？

烛光映着陈旧褪色的天地牌[51]，两人恭敬地站在席上，顿时显出庄严和寂静。

> 拜堂的仪式上，首先对谁磕头？

"站好了，男左女右，我来烧黄表。"田大娘说着，向前将表对着烛焰燃起，又回到汪大嫂身边。"磕吧，天地三个头。"赵二嫂说。

汪大嫂本来是经过一次的，也倒不用人扶持[52]；听赵二嫂说了以后，就静静地和汪二磕了

48　打鼾（dǎ hān）：打呼噜，粗重的呼吸声。
49　红毡（zhān）子：红毛毯。
50　周周正正（zhōuzhōu zhèngzhèng）：周正，整齐，端正。
51　天地牌：代表天地的牌位，传统婚礼拜堂的对象之一。
52　扶持（fúchí）：支持，帮助，支撑，照顾。

三个头。

"祖宗三个头。" 　　　　　　　　　　□□ 其次对谁磕头？

汪大嫂和汪二，仍旧静静地磕了三个头。

"爹爹呢？请来，磕一个头。" 　　　　□□ 然后再对谁磕头？

"爹爹睡了，不要惊动吧，他的脾气又不 □□ 父亲睡了，怎么办？
好。"汪二低声说。

"好吧，那就给他老人家磕一个堆着吧。"

"再给阴间的妈妈磕一个。" 　　　　　□□ 然后再对谁磕头？
　　　　　　　　　　　　　　　　　　　 最后给谁磕头？

"哈有……给阴间的哥哥也磕一个。"

然而汪大嫂的眼泪扑的落下地了，全身是 □□ 汪大嫂为什么"眼
颤动和抽搐[53]；汪二也木然[54]地站着，颜色变得　　泪扑的落下地了，
难看，可怕。全室中情调，顿成了阴森惨淡[55]。　　全身是颤动和抽
　　　　　　　　　　　　　　　　　　　　　　　　搐"？汪二为什么
　　　　　　　　　　　　　　　　　　　　　　　　也木然地站着？

53　抽搐（chōuchù）：肌肉不自主地收缩，多用于四肢或面部。
54　木然（mùrán）：指一时痴呆、不知所措的样子。
55　惨淡（cǎndàn）：光线暗淡，气氛凄惨悲凉。

> 这时候，大家都是怎样的反应？
>
> 是谁后来打破了这样难堪的局面？

双烛的光辉，竟暗了下去，大家都张皇失措[56]了。终于田大娘说：

"总得图个吉利，将来还要过活的！"

汪大嫂不得已，忍住了眼泪，同了汪二，又呆呆地磕了一个头。

> 汪二的爹爹第二天早上被人道喜时，有怎样的表现？

第二天清晨，汪二的爹爹，提了小酒壶，买了一个油条，坐在茶馆里。

"给你老头道喜呀，老二安了家[57]。"推车的吴三说。

> 他得知汪大嫂和他的二儿子结婚，为什么"愤然"？

"道他妈的喜，俺不问他妈的这些屁事！"汪二的爹爹愤然[58]地说。"以前我叫汪二将这小寡妇卖了，凑个生意本[59]。他妈的，他不听，居然他俩个弄起来了！"

---

56 张皇失措（zhānghuáng-shīcuò）：张皇，慌张；失措，举止失去常态。指惊慌得不知怎么办才好。
57 安了家：指结了婚，有了家。
58 愤然（fènrán）：愤怒的样子。
59 本：本钱，资金。

第八课　一场特殊的乡土"婚礼"

"也好。不然，老二到哪里安家去，这个年头？"拎画眉笼的齐二爷庄重[60]地说。

> 旁人的反应都是怎样？他们怎么看待这一场特殊的婚姻？

"好在肥水不落外人田[61]。"好像摆花生摊的小金从后面这样说。

汪二的爹爹没有听见，低着头还是默默地喝他的酒。

一九二七年六月六日

（原载于1927年6月《莽原》第2卷第11期）

【思考与问答】

1. 在这篇小说里，你认为汪大嫂爱汪二吗？你觉得他们俩结婚的原因主要是什么？

2. 丈夫死了，家里也很穷，为了生活下去，你觉得汪大嫂最好的办法应该是什么？

3. 你觉得如果哥哥死了，弟弟和嫂子结婚是一个笑话吗？

4. 你认为婚姻最基本的条件需要有哪些？

5. 你还知道中国有哪些让你印象深刻的婚礼习俗吗？

6. 在你的国家，有什么特殊的或者你认为有趣的结婚仪式？

60　庄重（zhuāngzhòng）：不随便，沉着稳重。
61　肥水不落外人田：也叫"肥水不流外人田"，意思是好处不能让给外人。

【特别推送】

台静农不仅是优秀的作家,还是著名的书法家。他的书法广泛涉猎金文、刻石、碑牌等,而且他还精通篆、隶、草、行、楷等各种书体。

(猜猜这幅字里写的是什么?)

对 酒

(明)张灵

隐隐江城玉漏催,
劝君须尽掌中杯。
高楼明月笙歌夜,
知是人生第几回。

第九课 "文摊"作家和他农民乡亲们的生活变迁
——赵树理《田寡妇看瓜》赏析

【作者简介】

赵树理（1906—1970），出身于贫农家庭，从小喜爱民间文艺，独特的生活经历和艺术素养，使他不但通晓北方农村的生活习俗，也熟知农民的审美情趣及艺术爱好。

在赵树理看来，新文化运动以来的文学创作远离工农大众，作家根本不了解大众，尤其是农民群众的思想需求，他们用现代白话文筑起的"文坛太高了，群众攀不上去"。

他说："我不想上文坛，不想做文坛文学家。我只想上'文摊'，写些小本子夹在卖小唱本的摊子里去赶庙会，三两个铜板可以买一本。""做一个文摊文学家，就是我的志愿。"因此，赵树理小说的语言非常通俗易懂，故事性也很强，是文艺"大众化"的成功实践。

《田寡妇看瓜》就是一篇描写农村土地改革之后，农民生活"变迁"，日子过得越来越好的故事。

【课文】

田寡妇看[1]瓜

南坡庄上穷人多,地里的南瓜豆荚[2]常常有人偷,雇[3]着看庄稼的也不抵事[4],各人的东西还得各人操心。最爱偷的人叫秋生,因为自己没有地,孩子老婆五六口,全凭吃野菜过日子,偷南瓜摘豆荚不过是顺路捎带[5]。最怕人偷的是田寡妇,因为她园地里的南瓜豆荚结得早——南坡庄不过三四十家人,有园地的只是王先生和田寡妇两家,王先生有十来亩,可是势头[6]大,没人敢偷;田寡妇虽说只有半亩,可是既然没人敢偷王先生的,就该她一家倒霉,因此她每年夏秋两季总要到园里去看守。

一九四六年春天,南坡庄经过土地改革[7],

> 秋生为什么那么穷?
>
> 为什么田寡妇怕被偷,而王先生家不怕被偷?
>
> 为了不被偷,田寡妇怎么做?

---

1 看(kān):守护,照看。
2 豆荚(dòujiá):豆类的果实。也说豆角。
3 雇(gù):出钱让别人为自己做事。
4 不抵事(bù dǐ shì):方言,不管用,没有用。
5 捎带(shāodài):在主要的之外附带、顺便。
6 势头:这里是势力、地位的意思。
7 土地改革:这里指的是20世纪40年代中国共产党在解放区的农村实行"耕者有其田"、平均分配土地、减租减息等土地政策。

王先生是地主，十来亩园地给穷人分了；田寡妇是中农，半亩园地自然仍是自己的。到了夏天园地里的南瓜豆荚又早早结了果，田寡妇仍然每天到地里看守。孩子们告她说："今年不用看了，大家都有了。"她不信，因为她只到过自己园里，王先生的园在哪里她都不知道。

也难怪她不信孩子们的话，她有她的经验：前几年秋生他们一伙人，好像专门跟她开玩笑——她一离开园子就能丢了东西。有一次，她回家去端了一碗饭，转来了，秋生正走到她的园地边，秋生向她哀求[8]："嫂！你给我个小南瓜吧！孩子们饿得慌[9]！"田寡妇没好气，故意说："哪里还有？都给贼偷走了！"秋生明知道是说自己，也还不得口，仍然哀求下去，田寡妇怕他偷，也不敢深得罪[10]他；看看自己的嫩南瓜，哪一个也不舍得摘，挑了半天，给他摘了

> 土地改革之后，王先生的土地怎么样了？田寡妇的土地还在她手里吗？

> 孩子们告诉田寡妇说今年不用看瓜了，为什么她不信？

> 那一次，秋生走到田寡妇的园地打算做什么？

> 田寡妇给了秋生什么？她为什么要给？

8　哀求（āiqiú）：苦苦地请求。
9　饿得慌：饿得难以忍受。
10　得罪（dézuì）：冒犯，使人不快或怀恨。

拳头大一个，嘴里还说："可惜了，正长哩。"她才把秋生打发走，王先生恰巧摇着扇子走过来。王先生远远指着秋生的脊背跟她说："大害大害！庄上出下了他们这一伙子，叫人一辈子也不得放心！"说着连步也没停就走过去了。这话正投了她的心事，她一辈子也忘不了，因此孩子们说"今年不用看了"，她总听不进去，不管她信不信，事实总是事实。有一天她中了暑[11]，在家养了三天病，园子里没丢一点东西。后来病好了虽说还去看，可是家里忙了，隔三五天不去也没事，隔十来天不去也没事，最后她把留作种子的南瓜上都刻了些十字作为记号，就决定不再去看守。

> 王先生为什么说秋生是"大害"？

> 田寡妇中暑在家休息，园子里的东西丢了吗？

> 后来病好了，因为忙也没去看，园子里丢东西了吗？田寡妇决定不再去看守园子前，做了什么？

> 快秋收完，田寡妇在秋生院子里看到了什么？

快收完秋的时候，有一天她到秋生院里去，见秋生院里放着十来个老南瓜，有两个上边刻着十字，跟她刻的那十字一样，她又犯了疑。她有心问一问，又没有确实把握，怕闹出事来，

11　中暑（zhòng shǔ）：因长时间暴露在高温环境中而造成的身体不适。

才又决定先到园里看看。她连家也没回就往园里跑,跑到半路恰巧碰上秋生赶着个牛车拉了一车南瓜。她问:"秋生!这是谁的南瓜?怎么这么多?"秋生说:"我的!种的太多了!""你为什么种那么多?""往年孩子们见了南瓜馋[12]得很,今年分了半亩园地我说都把它种成南瓜吧!谁知道这种粗笨东西多了就多得没个样子,要这么多哪吃得了?种成粮食多合算[13]?""吃不了不能卖?""卖?今年谁还缺这个?上哪里卖去?园里还有!你要吃就打发[14]孩子们去担[15]一些,光叫往年我吃你的啦!"他说着赶着车走了,田寡妇也无心再去看她的南瓜。

> 田寡妇在半路上遇到的秋生正在做什么?

> 这么多南瓜都是谁的?

> 为什么秋生今年种了很多南瓜?

> 秋生认为应该种什么才合算?为什么南瓜卖不掉?

一九四九年五月十三日

(原载于《大众日报》1949年5月14日,后收入小说集《传家宝》)

12　馋(chán):贪吃。
13　合算(hésuàn):花费较少而收获较大。
14　打发(dǎfa):指派去办事。
15　担(dān):用肩膀挑。

【思考与问答】

1. 小说最后,田寡妇为什么无心去看她的南瓜了?
2. 秋生邀请田寡妇去自己的园子里担南瓜,可见秋生是个怎样的人?
3. 秋生见自己的孩子们喜欢吃南瓜,就把分来的土地全种上南瓜,对此你如何评价?
4. 你觉得赵树理笔下的这样的农民有什么特点?

【特别推送】

赵树理还有一篇非常著名的短篇小说《小二黑结婚》,它描写了一对农村青年男女为了追求婚姻自由,冲破封建传统和守旧家长的阻碍,最终结为夫妻的故事。

这部小说让赵树理一举成名,后来被改编成电影,1964年上映,导演干学伟、石一夫。

第十课 "惊世才华"与"坎坷人生"
——萧红《弃儿》赏析

【作者简介】

萧红（1911—1942），中国现代著名女作家，作为"东北作家群"里的杰出代表，鲁迅曾经称赞她是"当今中国最有前途的女作家"。

《弃儿》是萧红发表的第一篇小说，小说的故事情节和作者的个人遭遇密切相关，甚至可以说，就是萧红对自己经历的真实描写。因此，作品深刻而富有感情。

【课文】

弃 儿

一

水就像远天一样，没有边际的漂漾[1]着，一片片的日光在水面上浮动着。大人、小孩和包裹青绿颜色。安静的不慌忙的小船朝向同一的方向走去，一个接着一个……

---

1 漂漾（piāoyàng）：漂荡，荡漾，随着水晃动。

> 这个凸肚子的女人有着怎样的形象?
>
> 她的精神状态看起来好吗?

一个肚子凸得馒头般的女人,独自地在窗口望着。她的眼睛就如块黑炭,不能发光,又暗淡,又无光,嘴张着,胳膊横在窗沿上,没有目的地望着。

> 这个走进门来的人是找她来干什么的?
>
> 女人在这里住了多久?一共欠了多少钱?
>
> 你觉得这个给女人算账的人态度怎么样?

有人打门,什么人将走进来呢?那脸色苍苍,好像盛满面粉的布袋一样,被人挪了进来的一个面影。这个人开始谈话了:"你倒是怎么样呢?才几个钟头水就涨得这样高,你不看见?一定得有条办法,太不成事了,七个月了,共欠了四百块钱。王先生是不能回来的。男人不在,当然要向女人算账²……现在一定不能再没有办法了。"正一正帽头,斗³一斗衣袖,他的衣裳又像一条被倒空了的布袋,平板的,没有皱纹,只是眼眉往高处抬了抬。

> 女人是怎样回应的?

女人带着她的肚子,同样地脸上没有表情,唇动了动:"明天就有办法。"她望着店主脚在

---

2 算账(suàn zhàng):计算账目。
3 斗:抖。

衣襟下迈着八字形的步子，鸭子样地走出屋门去。

她的肚子不像馒头，简直是小盆被扣在她肚皮上，虽是长衫怎样宽大，小盆还是分明地显露着。

> 女人的肚子像什么？

倒在床上，她的肚子也被带到床上，望着棚顶，由马路间小河流水反照在水面，不定形地乱摇，又夹着从窗口不时冲进来嘈杂[4]的声音。什么包袱落水啦！孩子掉下阴沟啦！接续的，连绵的。这种声音不断起来，这种声音对她似两堵南北不同方向立着的墙壁一样，中间没有连锁。

> 女人住的地方周边环境怎么样？

> 周围都有哪些声音？

"我怎么办呢？没有家，没有朋友，我走向哪里去呢？只有一个新认识的人，他也是没有家呵！外面的水又这样大，那个狗东西又来要房费，我没有……"她似乎非想下去不可，像外边的大水一样，不可抑止地想："初来这里还

> 这里的"狗东西"指谁？

4　嘈杂（cáozá）：声音杂乱扰人，喧闹。

是飞着雪的时候，现在是落雨的时候了。刚来这里肚子是平平的，现在却变得这样了……"她用手摸着肚子，仰望天棚的水影，被褥[5]间汗油的气味，在发散着。

二

> 天黑了，旅馆的主人和客人都做什么了？

天黑了，旅馆的主人和客人都纷搅[6]地提着箱子，拉着小孩走了。就是昨天早晨楼下为了避水而搬到楼上的人们，也都走了。骚乱[7]的声音也跟随地走了。这里只是空空的楼房，一间挨着一间关着门，门里的帘子默默地静静地长长地垂着，从嵌着玻璃的地方透出来。只有楼

> 留在这里的人还有谁？

下的一家小贩，一个旅馆的杂役[8]和一个病了的妇人伴着留在这里。满楼的窗子散乱乱地开张和关闭，地板上的尘土地毯似的摊着。这里荒

> 这里的环境像什么一样？

凉得就如兵已开走的营垒[9]，什么全是散散乱乱

---

5 被褥（bèirù）：被子和褥子，铺盖。
6 纷搅（fēnjiǎo）：纷，众多；搅，扰乱。形容人多乱哄哄。
7 骚乱（sāoluàn）：指混乱不安定，动乱。
8 杂役（záyì）：旧指受雇做杂事的人。
9 营垒（yínglěi）：军营和四周的围墙、防御建筑物等设施。

得可怜。

水的稀薄[10]的气味在空中流荡，沉静的黄昏在空中流荡，不知谁家的小猪被丢在这里，在水中哭喊着，绝望地来往地尖叫。水在它的身边一个连环跟着一个连环地转，猪被围在水的连环里，就如一头苍蝇或是一头蚊虫被绕入蜘蛛的网丝似的，越挣扎，越感觉网丝是无边际的大。小猪横卧在板排上，它只当遇了救，安静的，眼睛在放希望的光。猪眼睛流出希望的光和人们想吃猪肉的希望绞结[11]在一起，形成了一条不可知的绳。

> 一只落水的小猪在水里是怎样的表现？

> 你如何理解"猪眼睛流出希望的光和人们想吃猪肉的希望绞结在一起，形成了一条不可知的绳"？

猪被运到那边的一家屋子里去。

> 小猪后来得救了吗？

黄昏慢慢地耗[12]，耗向黑沉沉的像山谷、像壑沟[13]一样的夜里去。两侧楼房高大空间就是峭

10　稀薄（xībó）：稀少，淡薄，不浓厚。
11　绞结（jiǎojié）：绞缠，互相交织、缠在一起。
12　耗（hào）：减损，消耗。
13　壑沟（hègōu）：也作"沟壑"，指溪谷、山涧深的流水沟。

壁[14]，这里的水就是山涧。

> 从"每日她烦得像数着发丝一般的心，现在都躲开她了，被这里的深山给吓跑了"这句话可以看出，女人现在是怎样的心情？

依着窗口的女人，每日她烦得像数着发丝一般的心，现在都躲开她了，被这里的深山给吓跑了。方才眼望着小猪被运走的事，现在也不占着她的心了，只觉得背上有些阴冷。当她踏着地板的尘土走进单身房的时候，她的腿便是用两条木做的假腿，不然就是别人的腿强接在自己的身上，没有感觉，不方便。

> 她觉得自己的腿像什么似的？

> 为什么说，街上的水流唱着胜利的歌？

整夜她都是听到街上的水流唱着胜利的歌。

三

> 为什么乘着车的人们现在改乘船了？

> 洋车夫们现在做什么？

每天在马路上乘着车的人们现在是改乘船了。马路变成小河，空气变成蓝色，而脆弱的洋车夫们往日他是拖着车，现在是拖船。他们流下的汗水不是同往日一样吗？带有咸脊和酸笨重的气味。

14　峭壁（qiàobì）：又陡又峭的山崖，比较险峻，多处在高山之中，无路可上。

松花江决堤[15]三天了，满街行走大船和小船，用箱子当船的也有，用板子当船的也有，许多救济船在嚷[16]，手中摇摆黄色旗子。

> 江水决堤，满街都是什么？

住在二屋楼上那个女人，被只船载着经过几条狭窄的用楼房砌成河岸的小河，开始向无际限闪着金色光波的大海奔去。她呼吸着这无际限[17]的空气，她第一次与室窗以外的太阳接触。江堤沉落到水底去了，沿路的小房将睡在水底，人们在房顶蹲着。小汽船江鹰般地飞来了，又飞过去了，留下排成蛇阵的弯弯曲曲的波浪在翻卷。那个女人的小船行近波浪，船沿和波浪相接触着摩擦着。船在浪中打转，全船的人脸上没有颜色的惊恐，她尖叫了一声，跳起来，想要离开这个漂荡的船，走上陆地去。但是陆地在哪里？

> 这个女人是怎样离开的？

> "船在浪中打转"，船上的人们如何反应？

满船都坐着人，都坐着生疏[18]的人。什么不

> 她觉得什么生疏？什么又不生疏？

---

15 决堤（jué dī）：指堤岸被水冲开。
16 嚷（rǎng）：喊叫，吵闹。
17 际限：边界，边际。
18 生疏（shēngshū）：不熟悉。

生疏呢?她用两个惊恐、忧郁[19]的眼睛,手指四张的手摸抚着突出来的自己的肚子。天空生疏,太阳生疏,水面吹来的风夹带水的气味,这种气味也生疏。只有自己的肚子接近,不辽远,但对自己又有什么用处呢?

那个波浪是过去了,她的手指还是四处张着,不能合拢——今夜将住在非家吗?为什么蓓力不来接我,走岔路[20]了吗?假设方才翻倒过去不是什么全完了吗?也不用想这些了。

> "假设方才翻倒过去",指的是她经历了什么?

六七个月不到街面,她的眼睛缭乱[21],耳中的受音器也不服[22]支配了,什么都不清楚。在她心里只感觉热闹。同时她也分明地考察对面驶来的每个船只,有没有来接她的蓓力,虽然她的眼睛是怎样缭乱。

> 她有多久没外出了?出来后她的感受怎样?

---

19 忧郁(yōuyù):情绪低落,忧伤。
20 岔路(chàlù):是指从干道上分出来的道路,歧路。
21 缭乱(liáoluàn):处于零乱、混淆状态;看不清。
22 不服:不听从。

她嘴张着，眼睛瞪着，远天和太阳辽阔[23]的照耀[24]。

四

一家楼梯间站着那个女人，屋里抱小孩的老婆婆猜问着：你是芹吗？

芹开始同主妇谈着话，坐在圈椅间，她冬天的棉鞋，显然被那个主妇看得清楚呢。主妇开始说："蓓力去伴你来不看见吗？那一定是走了岔路。"一条视线直迫着芹的全身而泻流过来，芹的全身每个细胞都在发汗，紧张，急躁[25]，她暗恨自己为什么不迟来些，那就免得蓓力到那里连个影儿都不见，空虚地转了来。

> 这个叫"芹"的大肚子女人与这家的主妇谈话时，是怎样的心情？

> 她是一个人来的吗？

芹到窗口吸些凉爽的空气，她破旧褴衫[26]的襟角在缠着她的膝盖跳舞。当蓓力同芹登上细碎的月影在水池边绕着的时候，那已是当日

> 芹的衣着怎样？

> 蓓力是什么时候到的？

---

23 辽阔（liáokuò）：宽阔的，广阔的。
24 照耀（zhàoyào）：表示强烈的光线照射。
25 急躁（jízào）：碰到不称心的事情易于激动，着急烦躁。
26 破旧褴衫（pòjiù lánshān）：指衣服破旧，其布料破烂不堪。

的夜，公园里只有蚊虫嗡嗡地飞。他们相依着，前路似乎给蚊虫遮断[27]了，冲穿蚊虫的阵，冲穿大树的林，经过两道桥梁，他们在亭子里坐下，影子相依在栏杆上。

> 然后他们俩去了哪里？

高高的大树，树梢相结，像一个用纱制成的大伞，在遮着月亮。风吹来大伞摇摆，下面洒着细碎的月光，春天出游少女一般地疯狂呵！蓓力的心里和芹的心里都有一个同样的激动，并且这个激动又是同样的秘密。

> 蓓力和芹见面后，他们都是怎样的心情？

五

芹住在旅馆孤独的心境，不知都被什么赶到什么地方了。就是蓓力昨夜整夜不睡的痛苦，也不知被什么赶到什么地方了？

> 芹现在还觉得孤独吗？

他为了新识的爱人芹，痛苦了一夜，本想在决堤第二天就去接芹到非家来，他像一个破了的摇篮一样，什么也盛[28]不住，衣袋里连一

> 从"新识的爱人"这句可见，蓓力是芹肚子里孩子的父亲吗？

27　遮断（zhēduàn）：截断，切断，隔断。
28　盛（chéng）：把东西放进去。

毛钱也没有。去当掉自己流着棉花的破被吗？哪里肯要呢？他开始把他最好的一件制服从床板底下拿出来，拍打着尘土。他想这回一定能当一元钱的，五角钱给她买吃的送去，剩下的五角伴她乘船出来用作船费，自己尽可不必坐船去，不是在太阳岛也学了几招游泳吗？现在真的有用了。他腋[29]挟着这件友人送给的旧制服，就如挟着珍珠似的，脸色兴奋。一家当铺的金字招牌，混杂着商店的招牌，饭馆的招牌。在这招牌的林里，他是认清[30]哪一家是当铺了，他欢笑着，他的脸欢笑着。当铺门关了，人们嚷着正阳河开口了。回来倒在床上，床板硬得和一张石片。他恨自己了，昨天到芹那里去为什么把裤带子丢了。就是游泳着去，也不必把裤带子解下抛[31]在路旁，为什么那样兴奋呢？蓓力心如此想，手就在腰间摸着新买的这条皮带。他把皮带抽下来，鞭打着自己。为什么要用去

> 为什么说蓓力像一个破了的摇篮？

> 他从床板下拿出制服打算干什么？

> 蓓力的裤带怎么丢的？

29　腋（yè）：胳肢窝，上肢同肩膀相连处靠里凹入的部分。
30　认清（rènqīng）：识别性质，看清特点。
31　抛（pāo）：投，扔，丢下。

> 蓓力的新皮带多少钱?

> 他为什么要拿皮带鞭打自己?

五角钱呢,只要有五角钱,用手提着裤子不也是可以把自己的爱人伴出来吗?整夜他都是在这块石片的床板上懊悔[32]着。

六

> 蓓力住在哪里?他的周边都是怎样的情形?

他住在一家饭馆的后房,他看着棚顶在飞的蝇群,壁间爬走的潮虫,他听着烧菜铁勺的声音,前房食堂间酒盅声,舞女们伴着舞衣摩擦声,门外叫化子[33]乞讨声,像箭一般地,像天空繁星一般地,穿过嵌着玻璃的窗子一棵棵地刺进蓓力的心去。他眼睛放射红光,半点不躲避。安静的蓓力不声响地接受着。他懦弱[34]吗?他不知痛苦吗?天空在闪烁的繁星,都晓得蓓力是怎么存心[35]的。

> 蓓力和芹就像什么似的?

就像两个从前线退回来的兵士,一离开前线,前线的炮火也跟着离开了,蓓力和芹只顾

---

32 懊悔(àohuǐ):因过错而自恨。
33 叫化子(jiàohuāzi):乞丐,以乞讨为生的人。同"叫花子"。
34 懦弱(nuòruò):指软弱无能,柔弱。
35 存心(cún xīn):怀着某种念头。

坐在大伞下听风声和树叶的叹息。

蓓力的眼睛实在不能睁开了。为了躲避芹的觉察还几次地给自己作着掩护³⁶，说起得早一点，眼睛有些发花。芹像明白蓓力的用意一样，芹又给蓓力作着掩护的掩护："那么我们回去睡觉吧。"

> 为什么蓓力的眼睛实在不能睁开？他是怎样向芹解释的？

> 芹又是如何应答的？

公园门前横着小水沟，跳过水沟来斜对的那条街，就是非家了。他们向非家走去。

> 他们现在住在哪里？还住在旅店吗？

七

地面上旅行的两条长长的影子，在浸渐³⁷的消泯³⁸。就像两条刚被主人收留下的野狗一样，只是吃饭和睡觉才回到主人家里，其余尽是在街头跑着蹲着。

> 他们什么时候才会回到住处？其余的时间，他们都在哪里？

蓓力同他新识的爱人芹，在友人家中已是一个星期过了。这一个星期无声无味地飞过去。

> 蓓力和芹住在这里多久了？

36　掩护（yǎnhù）：指用人体或其他物体护住，挡住。
37　浸渐（jìnjiàn）：渐变的过程，慢慢地变化。
38　消泯（xiāomǐn）：消灭，消失。

> 他们整天都在做什么？

> 如何理解"他们两颗相爱的心也像有水在追赶着似的。一天比一天接近感到拥挤了"？

街口覆[39]放着一只小船，他们整天坐在船板上。公园也被水淹没了，实在无处可去，左右的街巷也被水淹没了，他们两颗相爱的心也像有水在追赶着似的。一天比一天接近感到拥挤了。两颗心膨胀[40]着，也正和松花江一样，想寻个决堤的出口冲出去。这不是想只是需要。

一天跟着一天寻找，可是左右布的密阵[41]也一天天的高，一天天的厚，两颗不得散步的心，只得在他们两个相合的手掌中狂跳着。

> 蓓力和芹住在同一个房间吗？

> 每天早上，他们都会做什么？

> 蓓力睡在什么上面？他的脚为什么抬到藤椅的扶手上面？

蓓力也不住在饭馆的后房了，同样是住在非家，他和芹也同样地离着。每天早起，不是蓓力到内房去推醒芹，就是芹早些起来，偷偷地用手指接触着蓓力的脚趾。他的脚每天都是抬到藤椅的扶手上面，弯弯的伸着。蓓力是专为芹来接触而预备着这个姿势吗？还是藤椅短放不开他的腿呢？他的脚被捏得作痛醒转来，

---

39 覆（fù）：翻，倾倒。
40 膨胀（péngzhàng）：扩大增长。
41 密阵（mìzhèn）：密集的阵列，这里指障碍。

身子就是一条弯着腰的长虾,从藤椅间钻了出来,藤椅就像一只虾笼似的被蓓力丢在那里了。他用手揉擦着眼睛,什么都不清楚,两只鸭子形的小脚,伏在地板上,也像被惊醒的鸭子般的不知方向。鱼白的天色,从玻璃窗透进来,朦胧[42]地在窗帘上惺忪[43]着睡眼。

> 蓓力的身子看起来像什么?

芹的肚子越胀越大了!由一个小盆变成一个大盆,由一个不活动的物件,变成一个活动的物件。她在床上睡不着,蚊虫在她的腿上走着玩,肚子里的物件在肚皮里走着玩,她简直变成个大马戏场了,什么全在这个场面上耍[44]起来。

> 为什么芹简直变成个大马戏场了?

下床去拖着那双瘦猫般的棉鞋,她到外房去,蓓力又照样地变作一条弯着腰的长虾,钻进虾笼去了。芹唤醒[45]他,把腿给他看,芹腿上

> 你觉得蓓力睡得舒服吗?

---

42 朦胧(ménglóng):指物体的样子模糊,看不清楚。
43 惺忪(xīngsōng):刚苏醒的样子。形容睡觉的人刚睡醒,还没有完全清醒。
44 耍(shuǎ):表演,活动。
45 唤醒(huànxǐng):叫醒,弄醒。

> 芹腿上的小包连成排，像什么？

> 看到这些，蓓力的心情如何？

> 芹为什么捏紧蓓力的脚趾？

的小包都连成排了。若不是蚊虫咬的，一定会错认石阶上的苔藓，生在她的腿上了。蓓力用手抚摸着，眉头皱着，他又向她笑了笑，他的心是怎样的刺痛呵！芹全然不晓得这一个，以为蓓力是带着某种笑意向她煽动[46]一样。她手指投过去，生在自己肚皮里的小物件也给忘掉了，只是示意[47]一般的捏紧蓓力的脚趾，她心尽力的跳着。

> 这里"两个虾"指什么？

> 英夫人看到两人捏住脚，说了什么？

内房里的英夫人拉着小荣到厨房去，小荣先看着这两个虾来了，大嚷着推给她妈妈看。英夫人的眼睛不知放出什么样的光，故意地问："你们两个用手捏住脚，这是东洋式的握手礼还是西洋式的握手礼？"

> 小荣姑娘又是怎么说的？

四岁的小荣姑娘也学起她妈妈的腔调[48]，就像嘲笑[49]而不似嘲笑地唱着："这是东洋式的还是西洋式的呢？"

46　煽动（shāndòng）：指鼓动人做坏事。
47　示意（shìyì）：用动作、表情、含蓄的话或图形表示某种意思。
48　腔调（qiāngdiào）：这里指说话的声音、语调、语气，也指动作的模样。
49　嘲笑（cháoxiào）：取笑，开玩笑，讽刺挖苦。

芹和蓓力的眼睛，都像老虎的眼睛在照耀着。

为什么芹和蓓力的眼睛，都像老虎的眼睛？

蓓力的眼睛不知为了什么变成金钢石的了！又发光，又坚硬。芹近几天尽看到这样的眼睛，他们整天地跑着，一直跑了十多天了！有时他们打了个招呼走过去，一个短小的影子消失了。

你觉得"蓓力的眼睛不知为了什么变成金钢石的了！又发光，又坚硬"这句话表现了蓓力怎样的性格？

八

晚间当芹和英夫人坐在屋里的时候，英夫人摇着头，脸上表演着不统一的笑，尽量的把声音委婉[50]，向芹不知说了些什么。大概是白天被非看到芹和蓓力在中央大街走的事情。

为什么英夫人"脸上表演着不统一的笑"？还"尽量的把声音委婉"？

芹和蓓力照样在街上绕了一周，蓓力还是和每天一样要挽着她跑。芹不知为了什么两条腿不愿意活动，心又不耐烦[51]！两星期前住在

芹和蓓力每天都干什么？你觉得他们为什么要这样？

芹的心情怎样？

50　委婉（wěiwǎn）：不直接说，故意把话说得含蓄、好听一些。
51　不耐烦（bú nàifán）：厌烦，不能忍耐。

旅馆的心情又将萌动[52]起来，她心上的烟雾刚退去不久又像给罩上了。她手玩弄着蓓力的衣扣，眼睛垂着，头低下去："我真不知这是什么意思，我们衣裳褴褛[53]，就连在街上走的资格也没有了！"

> 他们的衣着怎样？

蓓力不明白这话是对谁发的，他迟钝[54]而又灵巧地问："怎么？"

芹在学话说："英说——你们不要在街上走去，在家里可以随便，街上的人太多，很不好看呢！人家讲究着很不好呢。你们不知道吗？在这街上我们认识许多朋友，谁都知道你们是住在我家的，假设你们若是不住在我家，好看与不好看，我都不管的。"芹在玩弄着衣扣。

> 英夫人对芹说了什么话？

> 英夫人为什么要对芹说这些话？

蓓力的眼睛又在放射金钢石般的光，他的心就像被玩弄[55]着的衣扣一样，在焦烦着。他把

> 蓓力听了芹告诉他的这些话后，有怎样的反应？他的心情如何？

---

52 萌动（méngdòng）：草木发芽。比喻事情刚起头。
53 褴褛（lánlǚ）：衣服破烂，不整洁。
54 迟钝（chídùn）：指反应迟缓，脑子不灵敏，行动缓慢。
55 玩弄（wánnòng）：指用不严肃、不尊重的态度摆弄着玩耍，不正当地使用，耍。

拳头捏得紧紧的,向着自己的头部打去。芹给他揉。蓓力的脸红了,他的心忏悔。

"富人穷人,穷人不许恋爱?"

方才[56]他们心中的焦烦退去了,坐在街头的木凳上。她若感到凉,只有一个方法,她把头埋在蓓力上衣的前襟[57]里。

> 芹如果感到凉,怎么办?

公园被水淹没以后,只有一个红电灯在那个无人的地方自己燃烧。秋天的夜里,红灯在密结的树梢下面,树梢沉沉的,好像在静止的海上面发现了萤火虫似的,他们笑着,跳着,拍着手,每夜都是来向着这萤火虫在叫跳一回……

> 被淹没的公园如今什么样子?

> 公园里的红灯,好像什么?他们看到红灯,有怎样的表现?

她现在不拍手了,只是按着肚子,蓓力把她扶回去。当上楼梯的时候,她的眼泪被抛在黑暗里。

> 芹上楼梯时,为什么眼泪被抛在黑暗里?

---

56 方才:刚才。
57 前襟(qiánjīn):上衣、袍子等前面的部分。

九

非对芹和蓓力有点两样,上次英夫人的讲话,可以证明是非说的。

> 芹和蓓力的朋友非搬走了,房子留给谁住?没有被褥,芹睡在什么上面?

非搬走了,这里的房子留给他岳母住,被褥全拿走了。芹在土炕[58]上,枕着包袱睡。在土炕上睡了仅仅两夜,她肚子疼得厉害。她卧在土炕上,蓓力也不上街了,他蹲在地板上,下颚[59]枕炕沿,守着她。这是两个雏鸽[60],两个被折了巢窠[61]的雏鸽。只有这两个鸽子才会互相了解,真的帮助,因为饥寒迫在他们身上是同样的分量。

> 为什么说芹和蓓力是两个被折了巢窠的雏鸽?

> 看到芹肚子疼得厉害,蓓力是什么反应?

芹肚子疼得更厉害了,在土炕上滚成个泥人了。蓓力没有戴帽子,跑下楼去,外边是落着阴冷的秋雨。两点钟过了,蓓力不见回来,

---

58 土炕(tǔkàng):北方人用土坯或砖砌成的睡觉用的长方台。上面铺席,下面有孔道,可以烧火取暖。
59 下颚(xià'è):嘴巴两旁的下方。
60 雏鸽(chúgē):刚生下来时间不长的小鸽子。
61 巢窠(cháokē):鸟搭的窝。

芹在土炕上继续自己滚的工作。外边的雨落得大了。三点钟也过了，蓓力还是不回来，芹只想撕破自己的肚子，外面的雨声她听不到了。

十

蓓力在小树下跑，雨在天空跑，铺着石头的路，雨的线在上面翻飞，雨就像要把石头压碎似的，石头又非反抗到底不可。穿过一条街，又一条街，穿过一片雨又一片雨，他衣袋里仍然是空着，被雨淋得他就和水鸡同样。

> 外面的天气如何？

> 从"他衣袋里仍然是空着"这句话可以知道，蓓力去做什么？

走进大门了，他的心飞上楼去，在抚慰[62]着芹，这是谁也看不见的事。芹野兽疯狂般的尖叫声，从窗口射下来，经过成排的雨线，压倒雨的响声，却实实在在，牢牢固固，箭般地插在蓓力的心上了。

> 听到芹的尖叫声，蓓力的心情如何？

蓓力带着这只箭追上楼去，他以为芹是完

62　抚慰（fǔwèi）：抚恤，安慰。

> 蓓力以为芹怎样了?

了[63],是在发着最后的嘶叫[64]。芹肚子疼得半昏了,她无知觉地拉住蓓力的手,她在土炕抓的泥土,和蓓力带的雨水相合。

> 蓓力找朋友非借钱,非是怎么回答的?

> 蓓力觉得非这样说对吗?

> 非是蓓力真正的朋友吗?为什么?

蓓力的脸色惨白,他又把方才向非借的一元车钱送芹入医院的影子想了一遍:"慢慢有办法,过几天,不忙。"他又想:"这是朋友应该说的话吗?我明白了,我和非经济不平等,不能算是朋友。"

任是芹怎样嚎[65]叫,他最终离开她下楼去,雨是淘天[66]地落下来。

十一

芹肚子痛得不知人事[67],在土炕上滚得不成人样了,脸和白纸一个样,痛得稍轻些,她爬下地来,想喝一杯水。茶杯刚拿在手里,又痛

---

63 完了:这里是死了,没有希望了的意思。
64 嘶叫(sījiào):叫喊,吼叫。
65 嚎(háo):大声叫或哭喊。
66 淘天:这里同"滔天",指雨水非常大。
67 不知人事:这里指昏迷,意识模糊。

得不能耐⁶⁸了,杯子摔在地板上。杯子碎了,那个黄脸大眼睛非的岳母跟着声响走进来,嘴里罗嗦着:"也太不成样子了,我们这里倒不是开的旅馆,随便谁都住在这里。"

> 非的岳母看到芹把杯子摔碎在地板上,说了什么?

芹听不清谁在说话,把肚子压在炕上,要把小物件从肚皮挤出来,这种痛法简直是绞着肠子,她的肠子像被抽断一样。她流着汗,也流着泪。

> 芹为什么听不清谁在说话?

十二

芹像鬼一个样,在马车上囚⁶⁹着,经过公园,经过公园的马戏场,走黑暗的途径。蓓力紧抱住她。现在她对蓓力只有厌烦,对于街上的每个行人都只有厌烦,她扯着头发,在蓓力的怀中挣扎。她恨不能一步飞到医院,但是,马却不愿意前进,在水中一劲打旋转。蓓力开

> 为什么现在芹对蓓力只有厌烦?对街上的每个行人都只有厌烦?

> 蓓力为什么开始惊惶了?

---

68 不能耐:不能忍耐,不能忍受。
69 囚(qiú):被拘禁,关着。

> 惊惶之后，他是怎么做的？

始惊惶，他说话的声音和平时两样："这里的水特别深呵，走下阴沟去会危险。"他跳下水去，拉住马勒，在水里前进着。

芹十分无能地卧在车里，好像一个龃龉[70]的包袱或是一个垃圾箱。

一幅沉痛的悲壮的受压迫的人物映画，在明月下，在秋光里，渲染[71]得更加悲壮，更加沉痛了。

> 他们这是去哪里？

> 发现医院关门了，他们怎么办？这时候芹感觉好些了吗？

铁栏栅[72]的门关着，门口没有电灯，黑森森[73]的，大概医院是关了门了，蓓力前去打门，芹的心希望和失望在绞跳着。

十三

马车又把她载[74]回来了，又经过公园，又经过马戏场，芹肚子痛得像轻了一点。她看到马

---

70 龃龉（jǔyǔ）：上下牙齿不相对应，比喻意见不合，互相抵触。
71 渲染（xuànrǎn）：比喻夸大地形容。
72 栏栅：这里同"栅栏（zhàlan），指用竹木条或铁条等做成的类似篱笆的防护物。
73 黑森森（hēisēnsēn）：形容黑暗阴森。
74 载（zài）：装，用交通工具装。

戏场的大象，笨重地在玩着自己的鼻子，分明[75]清晰的她又有心思向蓓力寻话说："你看见大象笨得多巧。"

> 她看到大象在干什么？

蓓力一天没得吃饭，现在他看芹像小孩子似的开着心，他心里又是笑又是气。

> 听了芹的话，蓓力什么感受？

车回到原处了，蓓力尽他所有借到的五角钱给了车夫。蓓力就像疾风暴雨[76]里的白菜一样，风雨过了，他又扶着芹，踏上楼梯，他心里想着得一月后才到日子吗？那时候一定能想法借到十五元住院费。蓓力才想起来给芹把破被子铺在炕上。她倒在被上，手指在整着蓬乱的头发。蓓力要脱下湿透的鞋子，吻了她一下，到外房去了。

> 车费一共多少钱？

> 这里"得一月后才到日子"指的是什么日子？

> 蓓力有怎样的打算？

又有一阵呻吟[77]声蓓力听到了，赶到内房去，蓓力第一条视线射到芹的身上，芹的脸已是惨白得和铅锅一样。他明白她的肚子不痛是

> 为什么芹又呻吟了？

> "他明白她的肚子不痛是心理作用"，这句话是什么意思？

75　分明（fēnmíng）：清楚，明白。
76　疾风暴雨（jífēng-bàoyǔ）：疾，又快又猛；暴，突然而猛烈。形容风雨来势猛。
77　呻吟（shēnyín）：因痛苦而发出声音。

> 刚才医生说了什么?

心理作用,尽力相信方才医生谈的,再过一个月那也说不准。

十四

> 为什么第二次就可以把芹送进医院?

> 他们交了住院费吗?

他不疑,也不打算,他明白现代的一切事情惟有蛮横[78],用不到讲道理,所以第二次他把芹送到医院的时候,虽然他是没有住院费,芹结果是强住到医院里。

> 芹在医院里,总是梦到什么?

在三等产妇室,芹迷沉地睡了两天了,总是梦着马车在水里打转的事情。半夜醒来的时候,急得汗水染透了衾枕[79]。她身体过于疲乏[80]。精神也随之疲乏,对于什么事情都不大关心。对于蓓力,对于全世界的一切,全是一样,蓓力来时,坐在小凳上谈几句不关紧要的话。他一走,芹又合拢起眼睛来。

> 芹为什么夜间不能睡着?

三天了,芹夜间不能睡着,奶子胀得硬,

---

78 蛮横(mánhèng):强横而不讲道理。
79 衾枕(qīnzhěn):被子和枕头。
80 疲乏(pífá):疲倦困乏。

里面像盛满了什么似的，只听她嚷着奶子痛，但没听她询问[81]过关于孩子的话。

> 她总是嚷什么？

产妇室里摆着五张大床，睡着三个产妇，那边空着五张小床。看护妇给推过一个来，靠近挨着窗口的那个产妇，又一个挨近别一个产妇。她们听到推小床的声音，把头露出被子外面，脸上都带着同样的不可抑止、新奇的笑容，就好像看到自己的小娃娃在床里睡着的小脸一样。她们并不向看护妇问一句话，怕羞似的脸红着，只是默默地在预备热情，期待[82]她们亲手造成的小动物与自己第一次见面。

> 产妇室里睡着几个产妇？

> 看到新生的孩子，别的产妇都是怎样的心情，怎样的表现？

第三个床看护妇推向芹的方向走来，芹的心开始跳动，就像个意外的消息传了来。手在摇动："不要！不……不要……我不要呀！"她的声音里母子之情就像一条不能折断的钢丝被

> 为什么看护妇走向芹的时候，芹要摇手抖颤？

81　询问（xúnwèn）：征求意见，打听。
82　期待（qīdài）：对未来未知的事物产生向往，期盼等待。

她折断了,她满身在抖颤[83]。

十五

满墙泻[84]着秋夜的月光,夜深,人静,只是隔壁小孩子在哭着。

> 芹的孩子生下来为什么会哭了五天?

孩子生下来哭了五天了,躺在冰凉的板床上,涨水[85]后的蚊虫成群片地从气窗挤进来,在小孩的脸上身上爬行。他全身冰冰,他整天整夜地哭。冷吗?饿吗?生下来就没有妈妈的孩子谁去管她呢?

> 这里墙上的影子是谁的?

月光照了满墙,墙上闪着一个影子,影子抖颤着,芹挨下床去,脸伏在有月光的墙上——小宝宝,不要哭了,妈妈不是来抱你吗?冻得这样冰呵,我可怜的孩子!

孩子咳嗽的声音,把芹伏在壁上的脸移动

---

83 抖颤(dǒuchàn):手或身体等因激动、恐惧等情绪变化而引起的发抖,哆嗦。
84 泻(xiè):很快地流淌。
85 涨水(zhǎng shuǐ):因为下雨导致地面水位上涨。

了,她跳上床去,她扯⁸⁶着自己的头发,用拳头痛打自己的头盖。真个自私的东西,成千成万的小孩在哭怎么就听不见呢?成千成万的小孩饿死了,怎么看不见呢?比小孩更有用的大人也都饿死了,自己也快饿死了,这都看不见,真是个自私的东西!

> 芹在心里心疼自己的孩子吗?

> 芹为什么要扯自己的头发,打自己的头盖呢?她为什么要说自己自私?

睡熟的芹在梦里又活动着,芹梦着蓓力到床边抱起她,就跑了,跳过墙壁,院费也没交,孩子也不要了。听说后来小孩给院长当了丫环,被院长打死了。

> 芹梦到了什么?

孩子在隔壁还是哭着,哭得时间太长了,那孩子作呕⁸⁷,芹被惊醒,慌张⁸⁸地迷惑⁸⁹地赶下床去。她以为院长在杀害她的孩子,只见影子在壁上一闪,她昏倒了。

> 芹真的走到隔壁去看自己的孩子了吗?孩子哭久了,发生了什么?

86　扯(chě):拉,拽。
87　作呕(zuò'ǒu):恶心想吐。
88　慌张(huāngzhāng):指恐惧,不沉着而急切忙乱。
89　迷惑(míhuò):分不清是非;摸不着头脑,弄不明白。

> 妈妈为什么会倒在地板上?

秋天的夜在寂寂[90]地流,每个房间泻着雪白的月光,墙壁这边地板上倒着妈妈的身体。那边的孩子在哭着妈妈,只隔一道墙壁,母子之情就永久相隔[91]了。

十六

> 这个三十多岁的女人长什么样?别的产妇为什么凄然地在听她说话?

身穿白长衫三十多岁的女人,她黄脸上涂着白粉,粉下隐现[92]黄黑的斑点,坐在芹的床沿。女人烦絮[93]地向芹问些琐碎[94]的话,别的产妇凄然[95]地在静听。

> 看到产妇们的脸,芹的心情怎样?她又说了什么?

> 你觉得她为什么要哭?

芹一看见她们这种脸,就像针一样在突刺着自己的心。"请抱去吧,不要再说别的话了。"她把头用被蒙起,她再不能抑止[96],这是什么眼泪呢?在被里横流[97]。

90　寂寂(jìjì):孤单,悄悄。
91　相隔(xiānggé):这里指分离,分开。
92　隐现(yǐnxiàn):不清晰地显现,隐隐约约显现出来。
93　烦絮(fánxù):说话啰唆杂沓,不简洁。
94　琐碎(suǒsuì):细小而繁多的。
95　凄然(qīrán):凄凉悲伤。
96　抑止(yìzhǐ):同"抑制",意思是制止,控制。
97　横流(héngliú):形容涕泪交流。

第十课　"惊世才华"与"坎坷人生"

两个产妇受了感动似的也用手揉着眼睛，坐在床沿的女人说："谁的孩子，谁也舍不得，我不能做这母子两离的事。"女子的身子扭了一扭。

> 产妇们随后说了什么话？

芹像被什么人要挟[98]似的，把头上的被掀开，面上笑着，眼泪和笑容凝结[99]地笑着："我舍得，小孩子没有用处，你把他抱去吧。"

> 芹听后怎么回答的？

> 你觉得芹心里真的舍得把自己的孩子送给别人吗？

小孩子在隔壁睡，一点都不知道，亲生他的妈妈把他给别人了。

那个女人站起来到隔壁去了，看护妇向那个女人在讲，一面流泪："小孩子生下来六天了，连妈妈的面都没得见，整天整夜地哭，喂他牛奶他不吃，他妈妈的奶胀得痛都挤扔了。唉，不知为什么，听说孩子的爸爸还很有钱呢！这个女人真怪，连有钱的丈夫都不愿嫁。"

> 孩子生下来多久了？

> 为什么孩子的妈妈奶胀得痛都挤扔了，也不给孩子吃奶？

98　要挟（yāoxié）：强迫，威胁，施加压力。
99　凝结（níngjié）这里指凝聚集结。

> 小孩子被摸醒后,有什么表现?

那个女人同情着看护妇说:"这小脸多么冷清[100],真是个生下来就招人可怜[101]的孩子。"小孩子被她们摸索[102]醒了,他的面贴到别人的手掌,以为是妈妈的手掌,他撒怨[103]地哭了起来。

> 过了多久,这个孩子被抱走了?

过了半个钟头,小孩子将来的妈妈,挟着红包袱满脸欢喜地踏上医院的石阶。

包袱里的小被褥给孩子包好,经过穿道,经过产妇室的门前,经过产妇室的妈妈,小孩跟着生人走了,走下石阶了。

> 孩子的妈妈见孩子最后一面了吗?

产妇室里的妈妈什么也没看见,只听见一阵噪杂[104]的声音啊!

十七

当芹告诉蓓力孩子给人家抱去了的时候,

---

100 冷清(lěngqīng):这里是长得清秀好看的意思。
101 可怜(kělián):令人喜欢。
102 摸索(mōsuo):这里是抚摸的意思。
103 撒怨(sāyuàn):撒气,抱怨。
104 噪杂(zàozá):嘈杂,喧闹。

第十课 "惊世才华"与"坎坷人生"

她刚强[105]的沉毅[106]的眼睛把蓓力给怔住[107]了，他只是安定地听着："这回我们没有挂碍[108]了，丢掉一个小孩是有多数小孩要获救的目的达到了，现在当前的问题就是住院费。"

> 芹告诉蓓力孩子被抱走时，是怎样的表情？芹又说了什么？这里的"挂碍"指什么？

蓓力握紧芹的手，他想——芹是个时代的女人，真想得开[109]，一定是我将来忠实[110]的伙伴！他的血在沸腾[111]。

> 听了芹的这些话，蓓力是怎么想的？

每天当蓓力走出医院时，庶务[112]都是向他索院费，蓓力早就放下没有院费的决心了，所以他第二次又挟着那件制服到当铺去，预备芹出院的车钱。

> 为了准备出院，蓓力做了什么？

他的制服早就被老鼠在床下给咬破了，现在就连这件可希望的制服，也没有希望了。

> 他的制服能换成钱吗？为什么？

---

105 刚强（gāngqiáng）：性格意志坚强，不怕困难。
106 沉毅（chényì）：沉着坚毅。
107 怔住（zhèngzhù）：发愣，发呆，惊呆了。
108 挂碍（guà'ài）：指牵挂，惦念。
109 想得开：往好处想。
110 忠实（zhōngshí）：忠诚老实。
111 沸腾（fèiténg）：水波翻涌。
112 庶务（shùwù）：古时指各种政务杂事，也指这些事务的经办人员。

> 他需要多少钱?

蓓力为了五角钱,开始奔波[113]。

十八

> 芹在医院住了多久?

芹住在医院快是三个星期了!同室的产妇,来一个住了个星期抱着小孩走了,现在仅留她一个人在产妇室里,院长不向她要院费了,只希望她出院好了。但是她出院没有车钱没有夹衣,最要紧的她没有钱租房子。

> 为什么院长不向她要院费了?芹为什么不出院?

> 芹一个人在医院,想起了什么?

芹一个人住在产妇室里,整夜的幽静[114],只有她一个人享受窗上大树招摇细碎的月影,满墙走着,满地走着。她想起来母亲死去的时候,自己还是小孩子,睡在祖父的身旁,不也是看着夜里窗口的树影么?现在祖父走进坟墓去了,

> 她离开家多久了?

自己离家乡已三年了,时间一过什么事情都消灭了。

窗外的树风唱着幽静的曲子,芹听到隔院的鸡鸣声了。

113　奔波(bēnbō):辛苦,忙忙碌碌地往来奔走。
114　幽静(yōujìng):非常安静。

十九

产妇们都是抱着小孩坐着汽车或是马车一个个出院了,现在芹也是出院了。她没有小孩也没有汽车,只有眼前的一条大街要她走,就像一片荒田要她开拔[115]一样。

> 芹是怎样出院的?

蓓力好像个助手似的在眼前引导着。

他们这一双影子,一双刚强的影子,又开始向人林里去迈进[116]。

一九三三年四月十八日,哈尔滨

(原载于1933年5月6日至17日长春《大同报》副刊《大同俱乐部》,署名悄吟)

【思考与问答】

1. 芹听到哭声,心疼自己的孩子,却又责怪自己"真个自私的东西,成千成万的小孩在哭怎么就听不见呢?成千成万的小孩饿死了,怎么看不见呢?比小孩更有用的大人也都饿死了,自己也快饿死了,这都看不

---

115 开拔:开挖。
116 迈进(màijìn):大步往前走。

见,真是个自私的东西",你同意她这样的思维方式吗?为什么?

2. 孩子被送走后,芹对蓓力说,"这回我们没有挂碍了,丢掉一个小孩是有多数小孩要获救的目的达到了。"你觉得她的"目的"真的达到了吗?

3. 芹抛弃了自己的孩子,你如何评价?你认为她抛弃孩子的主要原因是什么?

4. 你觉得芹是个怎样的母亲?如果你是芹,会怎么做?

5. 你认为怎样才是一个好母亲?

【特别推送】

萧红虽然生命短暂,却让人难以忘记。推送两部以她的人生经历为题材的电影:一是《黄金时代》,2014年上映,导演许鞍华;另一部则是《萧红》,2012年上映,导演霍建起。通过电影,我们可以感性地了解这位有着"惊世才华"的女作家坎坷的一生。

第十一课 "大妻子"和"小丈夫"的故事
——沈从文《萧萧》赏析

【作者简介】

沈从文（1902—1988），中国著名作家。作为一个出生在湖南凤凰县的"乡下人"，他喜欢描写还没有受到现代文明影响的古朴美好的乡村世界。他善于在小说里讲故事，且文字清新朴素。著名汉学家，瑞典文学院院士马悦然（Goran Malmqvist）称赞沈从文是"20世纪中国最伟大的作家"。

《萧萧》是一个关于"大妻子"和"小丈夫"的故事。这里不仅有对底层农民命运的同情，更有对自然人性的赞美。

【课文】

萧 萧

乡下人吹唢呐[1]接媳妇，到了十二月是成天会有的事情。

> 乡下人一般怎样接媳妇？

---

1 唢呐（suǒnà）：中国民族吹管乐器的一种，也是中国各地广泛流传的民间乐器。

> 新媳妇是怎样的穿着和反应呢?
>
> 新媳妇为什么要哭呢?

唢呐后面一顶花轿,两个伕子²平平稳稳地抬着,轿中人被铜锁锁在里面,虽穿了平时没上过身的体面红绿衣裳,也仍然得荷荷大哭。在这些小女人心中,做新娘子,从母亲身边离开,且准备作他人的母亲,从此必然将有许多新事情等待发生。这些事想起来,当然有些害怕,所以照例³觉得要哭哭,就哭了。

> 萧萧做媳妇哭了吗?
>
> 萧萧的家庭情况怎样?她跟谁一起生活?
>
> 你觉得萧萧为什么又不害羞,又不怕?

也有做媳妇不哭的人。萧萧做媳妇就不哭。这小女子没有母亲,从小寄养⁴到伯父种田的庄子上,终日提个小竹兜箩⁵,在路旁田坎⁶捡狗屎挑野菜。出嫁只是从这家转到那家。因此到那一天,这女人还只是笑。她又不害羞,又不怕。她是什么事也不知道,就做了人家的新媳妇了。

> 萧萧结婚的时候年龄多大?她的丈夫多大?

萧萧做媳妇时年纪十二岁,有一个小丈夫,年纪还不到三岁。丈夫比她年少九岁,还不曾

2　伕子(fūzi):被强迫服劳役的人,出苦力的人。
3　照例(zhàolì):照样,按照以前的惯例,按照常情或常理。
4　寄养(jìyǎng):把孩子托付给他人抚养。
5　兜箩(dōuluó):意指竹制盛器,多为方底圆口。
6　田坎(tiánkǎn):又名田埂,即田间的埂子,用以分界并蓄水,还可以供人行走。

断奶。按地方规矩[7]，过了门，她喊他做弟弟。她每天应作的事是抱弟弟到村前柳树下去玩，到溪边去玩。饿了，喂东西吃；哭了，就哄他，摘南瓜花或狗尾草戴到小丈夫头上，或者亲嘴，一面说："弟弟，哪，啵。再来，啵。"在那肮脏[8]的小脸上亲了又亲，孩子于是便笑了。孩子一欢喜兴奋，行动粗野[9]起来，会用短短的小手乱抓萧萧的头发。那是平时不大能收拾蓬蓬松松[10]在头上的黄发。有时候，垂到脑后那条小辫儿被拉得太久，把红绒线结也弄松了，生了气，就挞[11]那弟弟几下，弟弟自然哇的哭出声来。萧萧于是也装成要哭的样子，用手指着弟弟的哭脸，说："哪，人不讲理，可不行！"

> 她怎么称呼她的丈夫？过了门之后，她每天的生活内容是什么？

> 你觉得"姐弟俩"的生活快乐吗？

天晴落雨日子混下去，每日抱抱丈夫，也帮同家中作点杂事，能动手的就动手。又时常

> 除了照顾小丈夫，萧萧还做什么？

---

7 规矩（guīju）：指一定的标准，要求。
8 肮脏（āngzāng）：脏，不干净。
9 粗野（cūyě）：不文雅，野蛮。
10 蓬蓬松松（péngpéngsōngsōng）：形容头发松散，乱。
11 挞（tà）：用鞭棍等打人，拍打。

> 萧萧晚上做梦的内容大多是什么？

到溪沟里去洗衣，搓[12]尿片，一面还捡拾有花纹的田螺给坐在身边的小丈夫玩。到了夜里睡觉，便常常做这种年龄人所做过的梦，梦到后门角落或别的什么地方捡得大把大把铜钱，吃好东西，爬树，自己变成鱼到水中各处溜，或一时仿佛身子很小很轻，飞到天上众星中，没有一个人，只是一片白，一片金光，于是大喊

> 为什么萧萧大喊"妈"？

"妈！"人就吓醒了。醒来心里还只是跳。吵了隔壁的人，不免骂着："疯子，你想什么！白天玩得疯，晚上就做梦！"萧萧听着却不作声[13]，只是咕咕地笑。也有很好很爽快的梦，为丈夫哭醒的事情。那丈夫本来晚上在自己母亲身边睡，吃奶方便。有时吃多了奶，或因另外情形，半夜大哭，起来放水拉稀[14]是常有的事。丈夫哭

> 萧萧的小丈夫半夜哭了，婆婆没有办法，萧萧怎么做？

到婆婆无可奈何，于是萧萧轻脚轻手爬起床来，睡眼迷蒙，走到床边，把人抱起，给他看月光，

12　搓（cuō）：两个手掌相对或一个手掌放在别的东西上擦，擦洗。
13　不作声（bú zuòshēng）：不出声，不说话。
14　放水拉稀：这里指小孩子夜里尿尿，拉屎。

看星光；或者仍然啵啵地亲嘴，互相觑[15]着，孩子气的"嗨嗨，看猫呵！"那样喊着哄着，于是丈夫笑了。玩一会会，困倦[16]起来，慢慢地合上眼。人睡定后，放上床，站在床边看着，听远处一传一递的鸡叫，知道天快到什么时候了，于是仍然蜷[17]到小床上睡去。天亮后，虽不做梦，却可以无意中闭眼开眼，看一阵在面前空中变幻无端的黄边紫心葵花，那是一种真正的享受。

萧萧嫁过了门，做了拳头大的丈夫的小媳妇，一切并不比先前受苦，这只看她一年来身体发育就可明白。风里雨里过日子，像一株长在园角落不为人注意的蓖麻[18]，大叶大枝，日增茂盛[19]，这小女人简直是全不为丈夫设想那么似的，一天比一天长大起来了。

> 萧萧嫁过门后的生活和以前比怎么样？

> 萧萧生长的速度如何？

---

15 觑（qù）：看，偷看。
16 困倦（kùnjuàn）：困乏，疲倦。
17 蜷（quán）：身体弯曲。
18 蓖麻（bìmá）：一年生或多年生草本植物、热带或南方地区的灌木或小乔木。
19 茂盛（màoshèng）：形容草木旺盛的样子。

> 夏夜，家人饭后做什么？

夏夜光景说来如做梦。大家饭后坐到院中心歇凉[20]，挥摇蒲扇，看天上的星同屋角的萤，听南瓜棚上纺织娘咯咯咯拖长声音纺车，远近声音繁密[21]如落雨，禾花风翛翛[22]吹到脸上，正是让人在各种方便中说笑话的时候。

> 萧萧这时候往往做什么？

萧萧好高，一个人常常爬到草料堆上去，抱了已经熟睡的丈夫在怀里，轻轻地轻轻地随意唱着自编的四句头山歌。唱来唱去却把自己也催眠[23]起来，快要睡去了。

> 在院坝中，都有谁？他们在干什么？

在院坝中，公公婆婆，祖父祖母，另外还有帮工汉子两个，散乱地坐在小板凳上，摆龙门阵[24]学古，轮流下去打发[25]上半夜。

祖父身边有个烟包，在黑暗中放光。这用

20　歇凉（xiē liáng）：热天在阴凉通风的地方休息，乘凉。
21　繁密（fánmì）：密集，众多，兴旺，茂盛，数量众多。
22　翛翛（xiāoxiāo）：拟声词，形容风声、雨声、树木摇动的声音等。这里形容风声。
23　催眠（cuīmián）：诱导睡觉。
24　摆龙门阵：摆，说、谈、讲解；龙门阵，即拉家常话。指谈天说地，吹牛闲聊。
25　打发（dǎfa）：轻松随便地消磨时间。

艾蒿²⁶作成的烟包，是驱逐²⁷长脚蚊得力东西，蜷在祖父脚边，犹如一条乌梢蛇²⁸。间或²⁹又拿起来晃那么几下。

想起白天场上的事情，祖父开口说话："我听三金说，前天又有女学生过身³⁰。"

□ 祖父聊天的话题是什么？他为什么说这个？

大家就哄然³¹笑了起来。

□ 大家为什么要笑？

这笑的意义何在？只因为在大家印象中，都知道女学生没有辫子，留下个鹌鹑³²尾巴，像个尼姑，又不完全像。穿的衣服像洋人，又不是洋人。吃的，用的，……总而言之，事事不同，一想起来就觉得怪可笑！

□ 女学生在大家的印象中是什么样子？

萧萧不大明白，她不笑。所以老祖父又说

26　艾蒿（àihāo）：草名，有浓烈香气。
27　驱逐（qūzhú）：驱赶或强迫离开。
28　乌梢蛇（wūshāoshé）：一种无毒蛇，长可达二米余，背面前半部黄色，后半部黑色，腹面灰黑色，可入药。
29　间或（jiànhuò）：有时候，偶尔，偶然，时断时续。
30　过身：经过。
31　哄然（hōngrán）：形容许多人同时发出声音。
32　鹌鹑（ānchun）：鸟，体形像小鸡，头小尾巴短，羽毛赤褐色。

话了。他说：

"萧萧，你长大了，将来也会做女学生！"

> 听了祖父的话，大家为什么又哄然大笑了？

大家于是更哄然大笑起来。

> 萧萧是如何回答的？

萧萧为人并不愚蠢[33]，觉得这一定是不利于己的一件事情，所以接口便说：

"爷爷，我不做女学生。"

"你像个女学生，不做可不行。"

"我不做。"

众人有意取笑，异口同声[34]地说："萧萧，爷爷说得对，你非做女学生不行！"

萧萧急得无可如何，"做就做，我不怕。"其实做女学生有什么不好，萧萧全不知道。

> 女学生为什么要从本地过身？

女学生这东西，在本乡的确永远是奇闻。

---

33 愚蠢（yúchǔn）：愚笨无知。
34 异口同声（yìkǒu-tóngshēng）：不同的人说同样的话，形容意见一致。

第十一课 "大妻子"和"小丈夫"的故事

每年一到六月天,据说放"水假"³⁵日子一到,照例便有三三五五女学生,由一个荒谬不经³⁶的热闹地方来,到另一个远地方去,取道³⁷从本地过身。从乡下人眼中看来,这些人都近于另一世界中活下的人,装扮奇奇怪怪,行为更不可思议。这种女学生过身时,使一村人都可以说一整天的笑话。

> 看到她们,村里人会有什么表现?

祖父是当地一个人物,因为想起所知道的女学生在大城中的生活情形,所以说笑话要萧萧也去作女学生。一面听到这话,就感觉一种打哈哈趣味,一面还有那被说的萧萧感觉一种惶恐³⁸,说这话不为无意义了。

> 他们为什么要说让萧萧也去作女学生的笑话?

女学生由祖父方面所知道的是这样一种人:她们穿衣服不管天气冷暖,吃东西不问饥饱,晚上交到子时才睡觉,白天正经事³⁹全不作,只

> 在祖父的话语中,女学生具体过着怎样的生活?

---

35 放水假:指汛期雨水多,导致江河水位暴涨,道路常被水淹,学校只好放假停课。
36 荒谬不经(huāngdàn-bùjīng):少有的,典籍中也没有的(事)。形容不合情理。
37 取道(qǔdào):选取、经过的道路。
38 惶恐(huángkǒng):指惊恐,害怕。
39 正经事:重要或严肃的事,合乎正道之事。

知唱歌打球，读洋书。她们都会花钱，一年用的钱可以买十六只水牛。她们在省里京里想往什么地方去时，不必走路，只要钻进一个大匣子中，那匣子就可以带她到地。城市中还有各种各样的大小不同匣子，都用机器开动。她们在学校，男女在一处上课读书，人熟了，就随意同那男子恋爱结婚，也不要媒人[40]，也不要财礼[41]，名叫"自由"。她们也做做州县官，带家眷[42]上任，男子仍然喊作"老爷"，小孩子叫"少爷"。她们自己不养牛，却吃牛奶羊奶，如小牛小羊；买那奶时是用铁罐子盛的。她们无事时到一个唱戏地方去，那地方完全像个大庙，从衣袋中取出一块洋钱来（那洋钱在乡下可买五只母鸡），买了一小方纸片儿，拿了那纸片到里面去，就可以坐下看洋人扮演影子戏。她们被冤[43]了，不赌咒[44]，不哭。她们年纪有老到二十四岁

> 在当时的乡下人看来，女子二十四岁嫁人是太早了还是太晚了？

40　媒人（méiren）：男女婚事的介绍人。
41　财礼（cáilǐ）：也叫彩礼，定婚时男方给女方送的礼品和钱物。
42　家眷（jiājuàn）：妻子和孩子，这里指丈夫和孩子。
43　冤（yuān）：屈枉，无故受到指责或处分。
44　赌咒（dǔ zhòu）：发誓，庄严地说出表示决心的话或对某事提出保证。

还不肯嫁人的，有老到三十四十居然还好意思嫁人的。她们不怕男子，男子不能使她们受委屈，一受委屈就上衙门打官司，要官罚男子的款，这笔钱她有时独占自己花用，有时和官平分。她们不洗衣煮饭，也不养猪喂鸡；有了小孩子，也只花五块钱或十块钱一月，雇个人专管小孩，自己仍然整天看戏打牌，或者读那些没有用处的闲书。……

> 女学生如果受了委屈，会怎么办？

> 女学生有了孩子后会怎么做？

总而言之，说来事事都希奇古怪，和庄稼人不同，有的简直还可说岂有此理⁴⁵。这时经祖父一为说明，听过这话的萧萧，心中却忽然有了一种模模糊糊的愿望，以为倘若⁴⁶她也是个女学生，她是不是照祖父说的女学生一个样子去做那些事情？不管好歹，女学生并不可怕，因此一来，却已为这乡下姑娘初次体念⁴⁷到了。

> 萧萧觉得女学生可怕吗？

因为听祖父说起女学生是怎样的人物，到

> 为什么萧萧笑得特别久？

45　岂有此理（qǐyǒucǐlǐ）：哪有这个道理。指别人的言行或某一事物极其错误。
46　倘若（tǎngruò）：假如，如果。
47　体念（tǐniàn）：指设身处地为别人着想或体谅。

后萧萧独自笑得特别久。笑够了时,她说:

"爷爷,明天有女学生过路,你喊我,我要看看。"

"你看,她们捉你去作丫头。"

"我不怕她们。"

"她们读洋书[48]念经[49]你也不怕?"

"念观音菩萨[50]消灾经,念紧箍咒,我都不怕。"

"她们咬人,和做官的一样,专吃乡下人,吃人骨头渣渣也不吐,你不怕?"

萧萧肯定地回答说:"也不怕。"

> 小丈夫在睡梦中哭了,萧萧是怎么应对的?

可是这时节萧萧手上所抱的丈夫,不知为甚么[51],在睡梦中哭了,媳妇于是用作母亲的

---

48 洋书:这里指受到西方思想文化影响的书籍。
49 念经:朗读或背诵宗教经文,这里指读书的意思。
50 观音菩萨(Guānyīn púsà):佛教四大菩萨之一,信徒认为能为人祈福。
51 甚么:同"什么"。

声势，半哄半吓地说：

"弟弟，弟弟，不许哭，不许哭，女学生咬人来了。"

> 萧萧为什么用"女学生咬人来了"来吓唬小丈夫？

丈夫还仍然哭着，得抱起各处走走。萧萧抱着丈夫离开了祖父，祖父同人说另外一样古话去了。

萧萧从此以后心中有个"女学生"。做梦也便常常梦到女学生，且梦到同这些人并排走路。仿佛也坐过那种自己会走路的匣子，她又觉得这匣子并不比自己跑路更快。在梦中那匣子的形体同谷仓[52]差不多，里面还有小小灰色老鼠，眼珠子红红的，各处乱跑，有时钻到门缝里去，把个小尾巴露在外边。

> 萧萧关于"女学生"的梦，内容是什么？

因为有这样一段经过，祖父从此喊萧萧不喊"小丫头"，不喊"萧萧"，却唤作"女学生"。在不经意中萧萧答应得很好。

> 祖父喊萧萧"女学生"，萧萧怎么反应？

52　谷仓（gǔcāng）：存放谷物粮食等的仓库。

> 在作者的观点里，城市中的文明人怎么过日子？乡下人又是怎么过日子的？

> 你认为作者对城市人和对乡下人，分别有怎样的情感态度？

乡下里日子也如世界上一般日子，时时不同。世界上人把日子糟蹋[53]，和萧萧一类人家把日子吝惜[54]是同样的，各有所得，各属分定[55]。许多城市中文明人，把一个夏天完全消磨到软绸衣服、精美饮料以及种种好事情上面。萧萧的一家，因为一个夏天的劳作，却得了十多斤细麻，二三十担瓜。

> 萧萧一个夏天都做了哪些活儿？

作小媳妇的萧萧，一个夏天中，一面照料丈夫，一面还绩了细麻[56]四斤。

到秋八月工人摘瓜，在瓜间玩，看硕大如盆、上面满是灰粉的大南瓜，成排成堆摆到地上，很有趣味。时间到摘瓜，秋天真的已来了，院子中各处有从屋后林子里树上吹来的大红大黄木叶。萧萧在瓜旁站定，手拿木叶一束，为丈夫编小小笠帽[57]玩。

53　糟蹋（zāota）：指浪费，不爱惜。
54　吝惜（lìnxī）：舍不得，过分爱惜。
55　分定（fèndìng）：本分所定，这里指本该如此。
56　绩麻（jì má）：搓麻成线，把麻纺成线。
57　笠帽（lìmào）：遮挡阳光和避雨的编结帽，用夹油纸或竹叶、棕丝等编织而成。

第十一课 "大妻子"和"小丈夫"的故事

工人中有个名叫花狗,年纪二十三岁,抱了萧萧的丈夫到枣树下去打枣子。小小竹竿打在枣树上,落枣满地。

> 花狗是家里的什么人?多大的年龄?

"花狗大[58],莫[59]打了,太多了吃不完。"

> 花狗大带着小丈夫做什么?

虽这样喊,还不动身。到后,仿佛完全因为丈夫要枣子,花狗才不听话。萧萧于是又警告她那小丈夫:

"弟弟,弟弟,来,不许捡了。吃多了生东西肚子痛!"

丈夫听话,兜[60]了大堆枣子向萧萧身边走来,请萧萧吃枣子。

"姐姐吃,这是大的。"

"我不吃。"

58　花狗大:"大"为大哥的简称。
59　莫:不要。
60　兜(dōu):这里指做成兜形把东西拢住。

"要吃一颗！"

她两手哪里有空！木叶帽正在制边，工夫要紧，还正要个人帮忙！

"弟弟，把枣子喂我口里。"

> 小丈夫喜欢跟萧萧和花狗大一起玩耍吗？

丈夫照她的命令作事[61]，作完了觉得有趣，哈哈大笑。

她要他放下枣子帮忙捏紧帽边，便于添加新木叶。

> 小丈夫喜欢唱这些山歌吗？

丈夫照她吩咐作事，但老是顽皮[62]地摇动，口中唱歌。这孩子原来像一只猫，欢喜时就得捣乱[63]。

"弟弟，你唱的是什么？"

> 小丈夫口中的歌曲，是谁教他唱的？

"我唱花狗大告[64]我的山歌。"

61　作事：这里同"做事"。
62　顽皮（wánpí）：贪玩爱闹，不听劝导。
63　捣乱（dǎo luàn）：存心找麻烦，扰乱别人，进行破坏。
64　告：这里指教，告诉。

"好好地唱一个给我听。"

丈夫于是帮忙拉着帽边,一面就唱下去,照所记到的歌唱:

> 天上起云云起花,
>
> 包谷林里种豆荚,
>
> 豆荚缠[65]坏包谷树,
>
> 娇妹缠坏后生家[66]。
>
> ……

歌中意义丈夫全不明白,唱完了就问萧萧好不好。萧萧说好,并且问跟谁学来的,她知道是花狗教他的,却故意盘问[67]他。

> 小丈夫明白歌词的意思吗?为什么萧萧知道是花狗大教小丈夫唱的歌,还要故意盘问他?

"花狗大告我,他说还有好多歌,长大了再教我唱。"

听说花狗会唱歌,萧萧说:

---

65 缠(chán):绕,围绕。
66 后生家:这里指男青年。
67 盘问(pánwèn):详细地询问。

"花狗大，花狗大，你唱一个正经好听的歌我听听。"

> 这里说萧萧"人也快到听歌的年龄了"，是什么意思？

那花狗，面如其心，生长得不很正气[68]，知道萧萧要听歌，人也快到听歌的年龄了，就给她唱"十岁娘子[69]一岁夫"。这歌丈夫完全不懂，懂到一点儿的是萧萧。把歌听过后，萧萧装成"我全明白"那种神气，她用生气的样子，对花狗说：

> 萧萧真的完全明白歌词的意思吗？

"花狗大，这个不行，这是骂人的歌！"

花狗分辩[70]说："不是骂人的歌。"

"我明白，是骂人的歌。"

> 花狗担心萧萧向爷爷告状，就换了一个什么话题？

花狗难得说多话，歌已经唱过了，错了赔礼[71]，只有不再唱。他看她已经有点懂事了，怕她回头告祖父，会挨顿臭骂，就把话支吾[72]开，

68　不很正气：不太正直，不正大。
69　娘子：妻子。
70　分辩（fēnbiàn）：为消除误会、指责而进行辩白解释。
71　赔礼（péi lǐ）：指给人施礼赔罪表达歉意。
72　支吾（zhīwu）：说话含混躲闪，搪塞。

扯到"女学生"上头去。他问萧萧,看没看过女学生习体操唱洋歌的事情。

若不是花狗提起,萧萧几乎已忘却了这事情。这时又提到女学生,她问花狗近来有没有女学生过路,她想看看。

花狗一面把南瓜从棚架边抱到墙角去,告她女学生唱歌的事情,这些事的来源还是萧萧的那个祖父。他在萧萧面前说了点大话,说他曾经到官路上见过四个女学生,她们都拿得有旗帜,走长路流汗喘气之中仍然唱歌,同军人所唱的一模一样。不消说,这自然完全是胡诌[73]的笑话。可是那故事把萧萧可乐坏了。因为花狗说这个就叫做"自由"。

> "说了点大话"是什么意思?

> 花狗真的见过女学生吗?如果不是,他为什么撒谎?由此可见,花狗是个什么样的人?

花狗是起眼动眉毛、一打两头翘[74]、会说会笑的一个人。……到萧萧抱了她的丈夫走去以后,同花狗在一起摘瓜,取名字叫哑巴的,开

---

73 胡诌(húzhōu):信口瞎编,随意乱说,张口就说。
74 起眼动眉毛、一打两头翘:这里指聪明灵活,会说会笑,有表现力。

了平时不常开的口。

> 这个叫哑巴的人为什么说"花狗，你少坏点"？

"花狗，你少坏点。人家是十三岁黄花女，还要等十二年后才圆房[75]！"

花狗不作声，打了那伙计一巴掌，走到枣树下捡落地枣去了。

到摘瓜的秋天，日子计算起来，萧萧过丈夫家有一年半了。

> 从"婆婆虽生来像一把剪子，把凡是给萧萧暴长的机会都剪去了"这句话，可以看出萧萧的婆婆是个怎样的人？如果你是萧萧的婆婆，你会怎样对待你的"儿媳妇"？

几次降霜落雪，几次清明谷雨，一家中人都说萧萧是大人了。天保佑[76]，喝冷水，吃粗粝[77]饭，四季无疾病，倒发育得这样快。婆婆虽生来像一把剪子，把凡是给萧萧暴长的机会都剪去了，但乡下的日头同空气都帮助人长大，却不是折磨[78]可以阻拦得住。

75　圆房（yuán fáng）：旧指为童养媳与其未婚夫完婚，也指开始同房过夫妻生活。
76　保佑（bǎoyòu）：有宗教信仰的人希望神力保护和帮助。
77　粗粝（cūlì）：指粗劣的食物。
78　折磨（zhémó）：指因病痛、困难等在精神或肉体上受打击。

第十一课 "大妻子"和"小丈夫"的故事

萧萧十五岁时已高如成人，心却还是一颗糊糊涂涂的心。

人大了一点，家中做的事也多了一点。绩麻、纺车、洗衣、照料丈夫以外，打猪草推磨[79]一些事情也要作，还有浆纱织布。凡事都学，学学就会了。

> 长大了的萧萧，在家中都做什么事？

乡下习惯凡是行有余力的都可从劳作中攒[80]点本分私房，两三年来仅仅萧萧个人份上所聚集[81]的粗细麻和纺就的棉纱，也够萧萧坐到土机上抛三个月的梭子[82]了。

> 你觉得萧萧是个勤劳的人吗？

丈夫早断了奶。婆婆有了新儿子，这五岁儿子就像归萧萧独有了。不论做什么，走到什么地方去，丈夫总跟在身边。丈夫有些方面很怕她，当她如母亲，不敢多事。他们俩实在感情不坏。

> 为什么五岁的儿子归萧萧独有了？

> 小丈夫对萧萧是怎样的情感？你觉得他们的关系好吗？

---

79 推磨（tuī mò）：转动石磨。
80 攒（zǎn）：积聚，积蓄，凑集。
81 聚集（jùjí）：集合，凑在一起。
82 梭子（suōzi）：织布的工具。

地方稍稍进步，祖父的笑话转到"萧萧你也把辫子剪去好自由"那一类事上去了。听着这话的萧萧，某个夏天也看过了一次女学生，虽不把祖父笑话认真，可是每一次在祖父说过这笑话以后，她到水边去，必不自觉地用手捏着辫子末梢，设想[83]没有辫子的人那种神气，那点趣味。

> 听了祖父的笑话后，萧萧有怎样的想法？

打猪草，带丈夫上螺蛳山的山阴[84]是常有的事。

小孩子不知事故，听别人唱歌也唱歌。一开腔唱歌，就把花狗引来了。

花狗对萧萧生了另外一种心，萧萧有点明白了，常常觉得惶恐不安。但花狗是男子，凡是男子的美德恶德都不缺少，劳动力强，手脚勤快，又会玩会说，所以一面使萧萧的丈夫非常欢喜同他玩，一面一有机会即缠在萧萧身边，

> 你觉得花狗对萧萧生了怎样的"一种心"？萧萧对花狗又有怎样的感觉？

83　设想（shèxiǎng）：想象，假想。
84　山阴：山的北面。

且总是想方设法[85]把萧萧那点惶恐减去。

山大人小，到处是树林蒙茸[86]，平时不知道萧萧所在，花狗就站在高处唱歌逗萧萧身边的丈夫；丈夫小口一开，花狗穿山越岭[87]就来到萧萧面前了。

> 小丈夫一开口唱歌，就会发生怎样的情形？

见了花狗，小孩子只有欢喜，不知其他。他原要花狗为他编草虫玩，做竹箫哨子玩，花狗想方法支使他到一个远处去找材料，便坐到萧萧身边来，要萧萧听他唱那使人开心红脸的歌。她有时觉得害怕，不许丈夫走开；有时又像有了花狗在身边，打发丈夫走去反倒好一点。终于有一天，萧萧就这样给花狗把心窍子[88]唱开，变成个妇人了。

> 小丈夫喜欢花狗吗？

> 花狗为什么想方法支使小丈夫去远处？他想做什么？

> 他最后达到目的了吗？

那时节，丈夫走到山下采刺莓去了，花狗唱了许多歌，到后却向萧萧唱：

---

85 想方设法（xiǎngfāng-shèfǎ）：想种种办法。
86 蒙茸（méngróng）：蓬松、杂乱的样子。
87 穿山越岭（chuānshān-yuèlǐng）：翻越很多山头和丘岭。
88 心窍子（xīnqiàozi）：心眼儿，心思。

> 娇家门前一重坡,
>
> 别人走少郎走多,
>
> 铁打草鞋穿烂了,
>
> 不是为你为哪个?

> 这首歌是什么意思?

末了却向萧萧说:"我为你睡不着觉。"他又说他赌咒不把这事情告给人。听了这些话仍然不懂什么的萧萧,眼睛只注意到他那一对粗粗的手膀子,耳朵只注意到他最后一句话。末了花狗大便又唱了许多歌给她听。她心里乱了。她要他当真对天赌咒,赌过了咒,一切好像有了保障,她就一切尽他了[89]。到丈夫返身时,手被毛毛虫螫伤[90],肿了一大片,走到萧萧身边。萧萧捏紧这一只小手,且用口去呵它,吮[91]它,想起刚才的糊涂,才仿佛明白自己做了一点不大好的糊涂事。

> 萧萧完全明白花狗说的话吗?

> 萧萧看到小丈夫被毛毛虫螫伤,是怎样的感受?

89　一切尽他了:指所有的事情都听他的,完全服从。

90　螫伤(zhēshāng):指被毒虫或毒蛇刺或咬而受伤。

91　吮(shǔn):把嘴唇聚拢在有小口的物体上吸。

第十一课 "大妻子"和"小丈夫"的故事

花狗诱[92]她做坏事情是麦黄四月，到六月，李子熟了，她欢喜吃生李子。她觉得身体有点特别，在山上碰到花狗，就将这事情告给他，问他怎么办。

讨论了多久，花狗全无主意。虽以前自己当天赌得有咒，也仍然无主意。原来这家伙个子大，胆量小。个子大容易做错事，胆量小做了错事就想不出办法。

☐ 对于发生的意外，花狗有办法吗？

到后，萧萧捏着自己那条乌梢蛇似的大辫子，想起城里了，她说："花狗大，我们到城里去自由，帮帮人过日子，不好么？"

☐ 萧萧是怎么想的？

"那怎么行？到城里去做什么？"

☐ 花狗同意她的意见吗？为什么？

"我肚子大了。"

"我们找药去。场上有郎中卖药。"

"那你赶快找药来，我想……"

92　诱（yòu）：勾引，诱惑。

"你想逃到城里去自由，不成的。人生面不熟，讨饭也有规矩，不能随便！"

"你这没有良心的，你害了我，我想死！"

"我赌咒不辜负[93]你。"

"负不负我有什么用，帮我个忙，赶快拿去肚子里这块肉吧，我害怕！"

花狗不再作声，过了一会，便走开了。不久丈夫从他处拿了大把山里红果子回来，见萧萧一个人坐在草地上眼睛红红的，丈夫心中纳罕[94]。看了一会，问萧萧：

"姐姐，为甚么哭？"

> 小丈夫看到萧萧哭了，问她原因，萧萧怎样回答？

"不为甚么，灰尘落到眼睛窝里，痛。"

"我吹吹罢。"

"不要吹。"

93　辜负（gūfù）：对不住，使希望落空；违背了别人的好意、希望。
94　纳罕（nàhǎn）：感到惊讶，惊奇。

第十一课 "大妻子"和"小丈夫"的故事

"你瞧我，得这些这些。"

他把手中拿的和从溪中捡来放在衣口袋里的小蚌、小石头全部陈列[95]到萧萧面前，萧萧泪眼婆娑[96]看了一会，勉强[97]笑着说："弟弟，我们要好，我哭你莫告家中。告家中我可要生气！"到后这事情家中当真就无人知道。

> 萧萧让小丈夫不要告诉家人她哭了，小丈夫听她的话吗？

过了半个月，花狗不辞而行[98]，把自己所有的衣裤都拿去了。祖父问同住的长工哑巴，知不知道他为什么走路，走哪儿去？是上山落草[99]，还是作薛仁贵投军[100]？哑巴只是摇头，说花狗还欠了他两百钱，临走时话都不留一句，为人少良心。哑巴说他自己的话，并没有把花狗走的理由说明。因此这一家稀奇[101]一整天，

> 过了半个月，发生了什么事？

> 你觉得，同住的长工哑巴，知道他为什么走吗？

> 哑巴只说他自己的话，并没有把花狗走的理由说明，你觉得哑巴是怎样的人？

---

95 陈列（chénliè）：把物品摆放出来给人看。
96 泪眼婆娑（lèiyǎn pósuō）：形容一个人哭得很伤心。
97 勉强（miǎnqiǎng）：指能力不够还尽力做，做自己不愿意做的事，将就或凑合。
98 不辞而行：没有打招呼就离开了，悄悄地溜走了。
99 上山落草：旧指逃入山林做强盗。
100 作薛仁贵投军：投军，投奔军队去当兵。薛仁贵是历史人物，唐代将领，这里指像薛仁贵那样去军队当兵。
101 稀奇（xīqí）：稀少新奇。

> 对此，家人后来都有怎样的反应？

谈论一整天。不过这工人既不偷走物件，又不拐带别的，这事情过后不久，自然也就把他忘掉了。

> 萧萧如今感受怎样？

萧萧仍然是往日的萧萧。她能够忘记花狗就好了，但是肚子真有些不同了，肚中东西总在动，使她常常一个人干发急[102]，尽做怪梦。

> 为什么萧萧脾气坏了？她对小丈夫的态度变得怎样了？

她脾气坏了一点，这坏处只有丈夫知道，因为她对丈夫似乎严厉苛刻[103]了好些。

仍然每天同丈夫在一处，她的心，想到的事自己也不十分明白。她常想，我现在死了，什么都好了。可是为什么要死？她还很高兴活下去，愿意活下去。

> 萧萧真的想死吗？

> 当家人提起花狗，萧萧会有怎样的反应？

家中人不拘谁[104]在无意中提起关于丈夫弟弟的话，提起小孩子，提起花狗，都像使这话如拳头，在萧萧胸口上重重一击。

102　干发急：非常着急但又没有办法。
103　苛刻（kēkè）：过于严厉、刻薄，要求过高。
104　不拘（jū）谁：无论是谁。

第十一课 "大妻子"和"小丈夫"的故事

到九月,她担心人知道更多了,引丈夫庙里去玩,就私自许愿[105],吃了一大把香灰。吃香灰被她丈夫看见了,丈夫问这是做甚么,萧萧就说肚痛,应当吃这个。虽说求菩萨保佑,菩萨当然没有如她的希望,肚子中的东西依旧在慢慢地长大。

> 萧萧为什么要去庙里吃香灰?

她又常常往溪里去喝冷水,给丈夫看见时,丈夫问她,她就说口渴。

> 萧萧为什么又去喝冷水?

一切她所想到的方法都没有能够使她同自己不欢喜的东西分开。大肚子只有丈夫一人知道,他却不敢告这件事给父母晓得。因为时间长久,年龄不同,丈夫有些时候对于萧萧的怕同爱,比对于父母还深切[106]。

> 她大肚子的事,小丈夫知道吗?他告诉父母了吗?为什么?

她还记得花狗赌咒那一天里的事情,如同记着其他事情一样。到秋天,屋前屋后毛毛虫

---

105 许愿(xǔ yuàn):向神灵祈福,希望能够实现愿望。
106 深切(shēnqiè):深刻切实。

> 萧萧为什么极恨毛毛虫？

都结茧[107]，成了各种好看蝶蛾，丈夫像故意折磨她一样，常常提起几个月前被毛毛虫螫手的旧话，使萧萧心里难过。她因此极恨毛毛虫，见了那小虫就想用脚去踹[108]。

> 听说女学生过路，萧萧为什么"愣愣的对日头出处痴了半天"？

有一天，又听人说有好些女学生过路，听过这话的萧萧，睁了眼做过一阵梦，愣愣的对日头出处痴了半天。

> 萧萧逃走成功了吗？

> 她受到了怎样的惩罚？

萧萧步花狗后尘[109]，也想逃走，收拾一点东西预备[110]跟了女学生走的那条路上城去。但没有动身，就被家里人发觉了。这种打算照乡下人说来是一件大事，于是把她两手捆了起来，丢在灶屋边，饿了一天。

家中追究[111]这逃走的根源[112]，才明白这个十

107　结茧（jié jiǎn）：一些昆虫的幼虫在变成蛹之前吐丝做成壳。
108　踹（chuài）：脚底用力猛踢。
109　步……后尘（bù……hòuchén）：比喻追随模仿，学人家的样子，走上别人走过的老路。
110　预备（yùbèi）：预先准备。
111　追究（zhuījiū）：追查已往的事实或过失。
112　根源（gēnyuán）：事情发生的根本原因。

第十一课 "大妻子"和"小丈夫"的故事

年后预备给小丈夫生儿子继香火¹¹³的萧萧肚子已被另一个人抢先下了种。这在一家人生活中真是了不得的一件大事！一家人的平静生活，为这件新事全弄乱了。生气的生气，流泪的流泪，骂人的骂人，各按本分乱下去。悬梁¹¹⁴，投水，吃毒药，被禁困着的萧萧，诸事¹¹⁵漫无边际¹¹⁶地全想到了，究竟是年纪太小，舍不得死，却不曾做。于是祖父从现实出发，想出个聪明主意，把萧萧关在房里，派人好好看守着，请萧萧本族的人来说话，照规矩，看是"沉潭"¹¹⁷还是"发卖"？萧萧家中人要面子，就沉潭淹死了她；舍不得死就发卖。萧萧只有一个伯父，在近处庄子里为人种田，去请他时先还以为是吃酒，到了才知是这样丢脸事情，弄得这老实

> 家人知道萧萧逃走的原因后，都有怎样的表现？

> 祖父想出了个怎样的聪明主意？

> 萧萧的伯父知道这事后，反应如何？

---

113 继香火：指生孩子。在传统中国祭祀祖先的事情是由子孙来完成的。有子孙，到祭祀时，就有人给祖先上香；如果没有子孙，就没有人给祖先上香，香火就断了。因此，人们用祖先的灵位有没有香火，来表示有没有后继之人。
114 悬梁（xuán liáng）：这里指上吊。
115 诸事（zhū shì）：指各样的事情。
116 漫无边际（mànwúbiānjì）：非常广阔，没有边界。
117 沉潭（chén tán）：扔进深水潭中淹死。

忠厚的家长手足无措[118]。

> 怎样的人，才会做出"沉潭"的选择？

> 萧萧的伯父最后选择怎样处理？

大肚子作证，什么也没有可说。照习惯，沉潭多是读过"子曰"的族长爱面子才作出的蠢事。伯父不读"子曰"，不忍把萧萧当牺牲[119]，萧萧当然应当嫁人作"二路亲"了。

这也是一种处罚[120]，好像极其自然，照习惯受损失的是丈夫家里，然而却可以在发卖上收回一笔钱，当作为损失赔偿[121]。那伯父把这事情告给了萧萧，就要走路。萧萧拉着伯父衣角不放，只是幽幽[122]地哭。伯父摇了一会头，一句话不说，仍然走了。

> 你觉得萧萧的伯父是个怎样的人？

> 一时间，有人愿意买萧萧吗？

一时没有相当的人家来要萧萧，送到远处去也得有人，因此暂时就仍然在丈夫家中住下。

---

118 手足无措（shǒuzú-wúcuò）：措，安放。手脚不知放到哪儿好。形容举动慌张或无法应付。
119 牺牲（xīshēng）：古代祭祀或祭拜的用品。
120 处罚（chǔfá）：对犯错误或犯罪的人加以惩罚。
121 赔偿（péicháng）：指对损失、损坏或伤害的补偿。
122 幽幽（yōuyōu）：指声音、光线等微弱、深远。

第十一课 "大妻子"和"小丈夫"的故事

这件事情既经说明白,照乡下规矩,倒又像不甚么要紧,只等待处分,大家反而释然[123]了。先是小丈夫不能再同萧萧在一处,到后又仍然如月前情形,姐弟一般有说有笑地过日子了。

> 大家为什么释然了?

> 萧萧随后过着怎样的日子?

丈夫知道了萧萧肚子中有儿子的事情,又知道因为这样萧萧才应当嫁到远处去。但是丈夫并不愿意萧萧去,萧萧自己也不愿意去。大家全莫名其妙[124],只是照规矩像逼[125]到要这样做,不得不做。究竟是谁定的规矩,是周公还是周婆,也没有人说得清楚。

> 小丈夫愿意萧萧离去吗?萧萧自己愿意离去吗?家人内心愿意萧萧离去吗?

在等候主顾[126]来看人,等到十二月,还没有人来,萧萧只好在这人家过年。

萧萧次年二月间,十月满足,坐草[127]生了一个儿子,团头大眼,声响宏壮。大家把母子

> 萧萧生了儿子,家人喜欢吗?

123　释然(shìrán):疑虑等消释后心中平静的样子。
124　莫名其妙(mòmíngqímiào):是指发生的事情很奇怪,说不出解释的道理来。
125　逼(bī):强迫,威胁。
126　主顾(zhǔgù):顾客。
127　坐草(zuòcǎo):妇女临产生孩子。

| 大家对萧萧照顾得好吗？ | 二人照料得好好的，照规矩吃蒸鸡同江米酒补血，烧纸谢神。一家人都欢喜那儿子。 |

| 为什么萧萧不嫁别处了？ | 生下的既是儿子，萧萧不嫁别处了。 |

| 萧萧的儿子和小丈夫的关系怎样？ | 到萧萧正式同丈夫拜堂圆房时，儿子已经年纪十岁，有了半劳动力，能看牛割草，成为家中生产者一员了。平时喊萧萧丈夫做大叔，大叔也答应，从不生气。 |

| 牛儿多大年纪结婚的？当时他的妻子多大？为什么家里要娶年纪大的媳妇？ | 这儿子名叫牛儿。牛儿十二岁时也接了亲，媳妇年长六岁。媳妇年纪大，才能诸事作帮手，对家中有帮助。唢呐到门前时，新娘在轿中呜呜地哭着，忙坏了那个祖父、曾祖父。 |

| 牛儿结婚的时候，萧萧在做什么？ | 这一天，萧萧抱了自己新生的毛毛，在屋前榆蜡树篱笆[128]间看热闹，同十年前抱丈夫一个样子。 |

（作于1929年冬，1936年改写，1957年校改字句，最初发表于1930年1月10日《小说月报》第21卷第1号）

128　篱笆（líba）：用竹子或树枝等编成的栅栏，护栏。

【思考与问答】

1. 你如何评价中国旧时乡村"小丈夫""大妻子"的家庭生活构成？
2. 你觉得萧萧和花狗之间有爱情吗？
3. 你觉得萧萧和她的小丈夫之间有爱情吗？
4. 你觉得婚姻生活的必要条件是什么？
5. 你如何评价这些"乡下人"？
6. 你认为"女学生"在小说里的寓意是什么？
7. 这篇小说后来被改编成电影《湘女萧萧》，1986年上映，导演谢飞、乌兰。

在电影的后半段，"小丈夫"长大后像"女学生"那样去上了学堂，因为接受了新思想新文化的影响，他不愿意在同学们的嘲笑声中，回来跟他的"大妻子"结婚圆房。而大妻子萧萧，每天还是过着跟以前一样的生活，做农活，做家务，等待她的小丈夫……

你觉得是改编后的电影的结局更好，还是原来小说的结局更好呢？为什么？

【特别推送】

金介甫（Jeffrey C. Kinkley），1948年出生，美国汉学家，现为美国纽约圣若望大学（St. John's University）历史系教授。他从1972年开始研究沈从文，被誉为国外沈从文研究第一人。1977年金介甫以《沈从文笔下的中国》一文，获得哈佛大学博士学位。

在《凤凰之子·沈从文传》一书中，金介甫评价沈从文是"中国第一流的现代文学作家，仅次于鲁迅"。

戏剧部分

第十二课　"偷偷摸摸"的爱情喜剧
——丁西林话剧《一只马蜂》欣赏

【作者简介】

丁西林（1893—1974），中国剧作家、物理学家。1914年入英国伯明翰大学（University of Birmingham）攻读物理学和数学，获硕士学位。回国后在北京大学教授物理学。有趣的是，由于他从小喜欢文艺，在欧洲留学时阅读了大量外国小说、戏剧，因此他的戏剧，尤其是喜剧写得非常好。

发表于1923年的独幕剧《一只马蜂》，便是一部轻松幽默的独幕剧，写的是这样一个故事：一位有传统封建思想的母亲——吉老太太，既干涉儿子的婚姻自由，又要把护士余小姐介绍给侄儿为妻。没想到儿子早已与余小姐暗暗相爱，当他们互相拥抱的时候，被吉老太太撞见，余小姐便掩饰说："喔，一只马蜂。"

此剧发表后，曾在许多大学演出，受到了广泛的好评。

【课文】

一只马蜂

剧中人：

吉老太太　年约五十余岁，身材细小，体质强健，淡素服装，非常的清洁。

吉先生　　吉老太太的儿子，年约二十六七，强健，活泼，极平常极自然的服装。

余小姐　　年约二十五六，姿态美丽，面目富有表情，服装精致。

仆人

布景：

　　一间小小长方形房子，后面墙壁中间，两扇宽门。门的左边置一衣架，靠墙一小桌，桌上置鲜花。右边靠墙立一书柜，内藏[1]成套的中西文书籍。右壁的里边，开一独门，门前为短门大窗，窗边置写字桌，上置文具。房的右壁，后半亦开一门，前半靠壁置书架，架上置装饰品。壁上悬字画。房子中央略偏前与右，置一小圆桌，上置茶具，桌的右侧置大椅（即安乐椅），左侧置可坐两人的长椅，两椅之间，置一小椅，椅上皆置腰枕。

　　开幕时吉老太太睡卧在大椅上，脚下置高垫，手中报纸，落地上。

1　藏（cáng）：收存起来。

吉　先　生：（将左门徐徐推开，见老太太睡卧椅上。轻步走至衣架，取了一件薄大衣，走至椅前，轻轻盖在老太太身上。老太太醒觉。吉含笑问）睡着了没有？

吉老太太：我本想闭了眼睛歇²一会，不想一不留心，就睡着了。（坐起）

吉　先　生：老人家的眼睛，同小孩子的眼睛一样，闭不得的。一闭了，就不由你做主。（将报纸拾起，坐在小椅上）

> 从"老人家的眼睛，同小孩子的眼睛一样，闭不得的。一闭了，就不由你做主"这句话，看出了吉母的什么特点？

吉老太太：现在什么时候了？

吉　先　生：（由怀里取出一个表看了一看）三点一刻。

吉老太太：你在哪里一直到现在？

吉　先　生：在书房里写了两封信。

> 吉先生之前都在干什么？

吉老太太：喔，不错，你替我把那封信写了吧。

2　歇（xiē）：休息。

吉　先　生：好，现在就写。（坐到写字桌，从抽屉里拿出信纸信封，砚里倒了水，磨墨取笔[3]，预备写字）怎样写法？

> 这是一封关于什么主题的信件？

吉老太太：随便的写几句好了。你把我们动身的日子告诉他们，叫他们雇一只船到港口接一接。

> 吉老太太什么时候出发？

吉　先　生：你一面说，我一面写吧，一定下星期二动身么？

吉老太太：喔，已经不是日子，还再不动身！

> 路上几天时间？

吉　先　生：（一面写，一面念，一面说）"……十九日起程回南。"（停笔用手指计算日期）十九，二十，二十一，（写）"二十一日到港。叫张宏同江妈雇一只船到港口接一接。"（问）是不是？

> 她最想坐谁的船？其次是谁的？

吉老太太：是，最好叫到李老四家的船，干净。要是李老四的船出了门，叫邓祥发家的也可以。

吉　先　生：（写）最好叫到李老四家的船。（一

3　笔墨纸砚（bǐ mò zhǐ yàn）：古称文房四宝，是中国特有的书写工具。

第十二课 "偷偷摸摸"的爱情喜剧

面写一面口中低声地念)……邓祥发家的也可以。(问)还有什么?

吉老太太:(自己想她的心思)这几天太阳已经很厉害,不如叫他们先把南房里的皮衣服拿出来晒一晒。

> 这几天天气好,吉老太太想到了什么?

吉　先　生:好,还有什么?

吉老太太:没有什么。(自言自语)王妈回家,说过了节,就回来,不知现在已经回来了没有?

吉　先　生:(继续地写信)

吉老太太:余小姐,应该送她点礼物才好。

吉　先　生:(先写完了信,然后答话,再接着写信封)你不是说送她一件衣料的么?(写完了信封)好了,写完了。

> 吉老太太原来打算送什么给余小姐?

吉老太太:(被吉打破她的深思)写完了么?

吉　先　生:(走至椅前,将这信送出)要不要看一遍?

吉老太太:你念一念吧。

177

吉　先　生：（念信）"二妹览[4]：'已经不是日子，还再不动身！'母亲说。……"

吉老太太：这是写的什么？

> 请复述信件的大致内容。

吉　先　生：这是写信的一个帽子。（继续一句一句的念信）"母亲定于十九日动身。二十一日到港。叫张宏同江妈雇一只船到港口接一接。最好叫到李老四家的船，干净。要是李老四的船出了门，叫邓祥发家的也可以。这几天太阳已经很厉害，不如叫他们先把南房里的皮衣服拿出来晒一晒。王妈回家，说过了节就回来，不知现在已经回来了没有？"没有写错吧？

吉老太太：（笑）喔，你们现在写信，都是这样写么？

> "直写式的白话文"有什么特点？

吉　先　生：这是最时行[5]的直写式的白话文，有一句，说一句。你没有旁的话要说么？

4　览（lǎn）：看，阅读。
5　时行（shíxíng）：时兴，流行，受广泛接受。

吉老太太：没有。

吉　先　生：这下边是我的事。（继续念信）"这次母亲在京，一切都好，惟有两件事，不大称心[6]……"

吉老太太：有什么事不称心？

吉　先　生：（不答，继续念信）"第一，她这次来京的目的，本想劝她的儿子，赶紧讨个媳妇，她可早点抱个孙儿。方头大耳，既肥且皙[7]。嗳！不想来京两月，绝少成绩。媳妇，毫无影响，孙子，渺无消息[8]；第二，她满心满意，想亲上加亲，把姊妹改做亲家，侄儿变做女婿。不想她那不肖[9]之女，又刚愎自用[10]，不顺母意。因此上，这几日来，口中不言，心中闷闷，不过那位表侄先生，现已广托亲友，多方物色[11]。夫诚能动神，勤能

> 吉老太太不称心的事是哪两件？

> 这里说的不肖女有什么事不顺母意？

> 吉老太太的表侄又在忙什么事？

6　称心（chèn xīn）：合乎心愿，产生愉快感和满意。
7　既肥且皙（xī）：又胖又白。
8　渺无消息（miǎo wú xiāoxi）：一点儿消息也没有。
9　不肖：品行不好。这里指"不孝"。
10　刚愎自用（gāngbì-zìyòng）：一个人过分自信，完全不听别人的意见，十分固执。
11　物色（wùsè）：寻找需要的人才或东西。

移山¹²，况在佳人才子聚会之首都，求一称心合意之老婆乎！故数月之内，定有良缘。将来一杯喜酒，或能稍慰¹³老年人愿天下有情人无情人都成眷属之美意也。"说得对不对？不要生气啊。

> 这里"你们的事"指什么事？

吉老太太：（稍有不快之意）我有这些闲工夫来同你们生气！你们的事，我老早就对你们讲过，由你们自己去，我一概不管。你们爱怎么说，就怎么说。

> 吉先生说他的母亲"什么事都是非常"，是什么意思？

吉 先 生：（将信封好，贴了邮票，走至椅旁，一手放椅背上，一手理她的头发）妈，你是一个特殊的女人，你什么事都是非常。你是一个非常的良妻，一个非常的贤母。惟有这一件，你没有逃出了个母亲的公例。

> 吉老太太同意儿子说的吗？

吉老太太：把这件大衣挂起来。（吉将衣挂原处。老太太追想到她以前的生活）"贤妻良母"，配不上这四个字！（吉坐到原处）你父亲死的时候，你只有

12　夫（fú）诚能动神，勤能移山：如果真诚，能感动神灵；如果勤劳，能移动大山。
13　慰（wèi）：使人心里安适，心安。

八岁，云儿也只有五岁。那个时候，我就不相信那私塾[14]先生的教书方法——也一半舍不得你们去受那野蛮的管束——所以我就拿定主意，自己教你们。一直把你教到十六岁。那时所有的产业，就是那分来五十亩坏田。现在你们可以不愁穿，不愁吃。不是说大话，要是你们不是每年上千块的学费用费，现在大约十倍那么多都不止了。

> 吉老太太怎么教育孩子的?

> 吉老太太曾经教育和养育孩子的费用大约是多少?

吉 先 生：所以我说你是一个特殊的女人。

吉老太太：是的，贤妻良母，有什么稀奇？现在的一般小姐们不是一天到晚所鄙薄[15]不屑[16]得做的么？

> 现在的小姐们不屑于做什么?

吉 先 生：你要原谅她们。她们因为有几千年没有说过话，现在可以拿起笔来，做文章，她们只要说，说，说，连她们自己都不知道说的些什么。

---

14 私塾（sīshú）：旧时私人设立的教学处所，一般只有一个教师，实行个别教学，没有一定的教材和学习年限。
15 鄙薄（bǐbó）：指轻视，看不起，厌弃。
16 不屑（búxiè）：认为不值得，轻视。

| 吉老太太喜欢现在的这班小姐吗?为什么? | 吉老太太: | 现在这班小姐,真教人看不上眼。不懂得做人,不懂得治家。我不知道她们的好处在什么地方?

| 这里的"白话诗"是什么意思? | 吉 先 生: | 她们都是些白话诗,既无品格,又无风韵。旁人莫名其妙,然后她们的好处,就在这个上边。

| 吉先生把"旧的"小姐和"新的"小姐分别称作什么? | 吉老太太: | 问你,这样的人也不好,那样的人也不好,旧的,你说她们是八股文,新的,你又说她们是白话诗……

吉 先 生: 是的,同样的没有东西,没有味儿。

吉老太太: 那末[17]你到底要怎样的一个人,你就愿意?

吉 先 生: (耸肩)坏的就是连我自己都不知道。要是找老婆如同找数学的未知数一样,能够立出一个代数方程式来,那倒容易办了。

| 吉先生的表兄弟在找结婚对象方面,是怎样的态度? | 吉老太太: | 怎么你们表兄弟两个。这样的不同!那一个就请这个,托那个,差不多今天等不到明天。你总是不把

17　那末:同"那么"。

第十二课 "偷偷摸摸"的爱情喜剧

它当成一件正经事看。

吉 先 生：不把它当成一件正经事看！因为我把它看得太正经了，所以到今天还没有结婚。要是我把它当作配眼镜一样，那么你的孙子，已经进了中学。

吉老太太：（觉得她没有办法）倒一杯茶给我。（吉倒了一杯茶送给老太太，自己亦倒了一杯，慢慢饮之。老太太沉思半晌）你知道不知道，你的表兄弟已经同我说了几次，要我替他做媒？

> 吉先生的表兄弟找吉老太太做什么？

吉 先 生：怎么不知道？

吉老太太：你知道他要说的是谁么？

吉 先 生：余小姐，是不是？你问过了她没有？

> 吉先生的表兄弟看中了谁？

吉老太太：（很慢地答）没有。

吉 先 生：为什么不问她？

> 吉老太太问过余小姐她的意思了吗？

吉老太太：为什么不问？（少顷）我想今天问她——好不好？（语时视吉）

> 对于表兄弟的选择，吉先生怎么回答的？

吉 先 生：很好，看护妇配医生，互助的原则，合作的精神，结婚时最好的演说资料。

吉老太太：（微微地叹了一口气）

仆 　 人：（推开左门）老太太，余小姐来了。

吉老太太：请她进来（仆人走出，吉放下茶杯，忙走至写字桌，整理笔砚，折好了桌上报纸）[仆人由外面推开左门让余走进，自己随后收去了桌上的茶具]

余 小 姐：（带了帽子手套，一手提钱包，进来之后，一面与主人招呼，一面脱去手套，将钱包置于门旁小桌上，解下帽子）老太太，吉先生。

吉老太太：余小姐！

吉 先 生：余小姐！（吉接过帽子，挂衣架上）

余 小 姐：老太太，对不住得很，劳你们等了。

吉老太太：没有什么，请坐。（让余坐大椅）

第十二课　"偷偷摸摸"的爱情喜剧

余　小　姐：喔，老太太坐，老太太不用客气，我这儿坐好。（扶老太太坐大椅，自坐小椅，吉自坐长椅上）两点半钟就想来，突然来了一个病人，要替他腾出一间房间来，忙了半天。还打算打电话，说不能来了，后来我想老太太就要回南，无论怎样忙，都要来陪老太太玩半天。

> 余小姐来的目的是什么？

吉老太太：多谢你，我们也知道你医院里事情很忙。所以一向不常请你出来。今天是因为我们快要回南，想请你来，我们好当面向你道谢。这一次实在劳苦了你。起先是我们吉先生，住了两个星期，都是你招呼[18]，后来又是我自己，我们实在感激你的了不得。

> 吉老太太回南前为什么要见余小姐一面？

余　小　姐：老太太太客气，那是我们的职务。老太太这几天饮食可好一点？

吉老太太：胃口不强，我一向就是这样，那一次到北京来，因为在路上略微受了一点辛苦，所以觉得不大舒服，实

> 吉老太太目前身体怎样？

18　招呼：这里指照看，照料，照顾。

> 吉先生为什么要吉老太太到医院去？

在没有什么病。我们吉先生一定要我到医院去，说医院里怎样的舒服，怎样的干净。我总是不想去。后来他又说我精神不好，一定是睡觉不好，非得到一个清静的地方去静养几天不可。我被他说不过了，方才住到医院去。我出来的时候，他还要我再多住几天。

吉　先　生：我的母亲是不相信医院，不相信看护妇的。

> 吉老太太原来为什么不相信医院？

吉老太太：并没有说我不相信看护妇，我是因为常常听见讲医院里招呼不大周到。

吉　先　生：没有什么，你现在不但相信她们，并且喜欢她们。

> 外面很多人对看护妇的印象如何？

余　小　姐：我们也知道，外面有很多的人，说我们的坏话，现在不是我来替自己辩护，有时实在不是看护妇的疏忽，实在是这一班生病的太太小姐们的麻烦。我常时同其余的同事说了玩，说这些人什么事不会做，连生病也不会生……

第十二课 "偷偷摸摸"的爱情喜剧

吉 先 生：要生病生得好，本来不是一件容易的事。

余 小 姐：她们第一，就不肯听医生的话，要这样那样，一天要压几十次铃子。你对她们说，叫她们不要吃东西，她一回儿要到外边买些水果，一回儿想叫家里送点鸡汤。你想，要叫我们同平常人家的老妈子伺候[19]太太小姐们一样，我们哪里有这么许多工夫？我们平均每人要招呼十个人。喔，说也是无用，她们哪里肯讲理？

> 余小姐对有些病人又是怎样的印象？

吉 先 生：做看护妇本来是一种很苦的职业，因为世界上最不讲理的是醉汉，其次就要算病人。

> 吉先生同意余小姐说的话吗？

余 小 姐：好笑得很，遇到一种奇怪的人，病快好的时候，他还要你陪他谈天。（看了吉一眼）

> 请猜猜，这里"一种奇怪的人"指的是谁？

吉 先 生：那真是可想而知的讨厌。要是个男人，还没有什么，假若是个女人，

---

19 伺候（cìhou）：为某人提供实时的照顾，照顾生活起居，一般会及时响应被照顾人的要求。

　　　　　　　那恐怕简直没有办法。

吉老太太：不过我终是不相信，其余的人，能够同你一样。纵然[20]有你这样的能干，也一定不会这样的和善，这样的体贴。[仆人由左门入，手里拿了一个盘，盘中置茶壶、茶杯、糖罐等物。]

> 吉老太太对余小姐的印象如何？

余　小　姐：（老太太欲倒茶）老太太请坐，让我自己来倒。（倒了一杯茶送老太太）

吉老太太：喔，谢谢你。（吉倒了一杯茶送余）

余　小　姐：（受吉之茶）谢谢。（欲代吉倒茶）

吉　先　生：谢谢，我不喝茶。

余　小　姐：（一面喝茶）老太太为什么不在北京多住几天？有吉小姐在家，难道还不放心么？

吉老太太：她倒什么都能够，不过我这次离家已经很久。我本是因为吉先生病了，所以来看看。

20　纵然（zòngrán）：纵使，即使。

第十二课 "偷偷摸摸"的爱情喜剧

余 小 姐：我想吉小姐一定也是很能干。

吉老太太：什么叫能干，不过一个女孩子应该知道的事，我不容她们不知道。

余 小 姐：不过要想能同老太太一样的能干，恐怕不容易。

吉 先 生：做能干父母的子女，是一件很苦的事。暑假那么热的天气，回到家，只有两个星期，两个星期一过，就一个赶到乡里去种田，一个赶到厨房里去烧饭。

> 为什么吉先生说"做能干父母的子女，是一件很苦的事"？

吉老太太：（笑）我是一个很顽固的人——我现在也有了年纪，也不怕人笑话——我以为一个人多知道一点事，一定不会有坏处。我不相信，一个女人会做了饭，就不会做文章。

> 吉老太太认为一个女人既要会做饭，也要会做文章，你同意这个观点吗？

吉 先 生：不错。不过困难的不是会做了饭的女人不会做文章，是会做了文章的女人就不会做饭。

余 小 姐：吉小姐会到北京来么？我很想认识她，我想她一定是同老太太一样的和气、可爱。

> 吉老太太怎么评价自己的女儿?

吉老太太：她旁的没有什么好处，不过还直爽。就是我嫌她有点新的习气。

余 小 姐：（高兴）我想我们一定会变做好朋友，她来的时候，老太太一定要叫她写信给我。

吉老太太：（向吉）你有她的照片没有？

吉 先 生：有一张的，不知到哪里去了。

> 余小姐为什么今天带照片来了?

余 小 姐：（忆起）喔，吉先生信里，说老太太要我一张照片，我今天带来了。（走向小桌）

> 吉老太太说过要余小姐照片的吗?

吉老太太：（不解）我没有说要照片。（向吉）我几时……

吉 先 生：你怎么没有讲？真是有了年纪的人，说过去的话，不要几天就忘了。

余 小 姐：（装不听见，由钱包里取出一张小照片）这一张不大好，不十分像，等以后有了好的时候，再送老太太吧。（以照片送给老太太）

吉老太太：（看照片）你已经长得很好看，这张照片更加好。

吉　先　生：（向老太太取了照片，取笑老太太）你平常最讲究会说话的，怎么今天自己把话说差了？你应该说，这张照片固然好看，但是总不及照片的主人好看。（与余对看了一眼）

> 为什么吉先生说吉老太太今天自己把话说差了？

吉老太太：是说的老实话。

吉　先　生：你们还坐一会儿才去吧？（向老太太）我送你一个好看的相片框子。（吉带照片由左门走出。两人不语者片刻。老太太对余注视[21]，余不知所语，取了一块糖来吃）

吉老太太：余小姐，我有几句话，很久就想同你谈谈。（将椅移近，余忙将口里的糖吞下，理了一理裙子，坐直了身子，用心地听）我想你一定以为我是一个很爱舒服的人，你知道我年轻的时候，很过了些辛苦的日子。我们吉先生，从小就没了父亲，家里大大小小的事情，都全靠我一个

> 吉老太太说，吉先生小的时候，家里日子过得怎样？

21　注视（zhùshì）：注意地看。

> 吉老太太说放不下心的事是什么？

> 表侄希望吉老太太为他做什么？

> 吉老太太表侄的职业是什么？

> 吉老太太为什么说自己是"很腐败的老太婆"？

人去问，连他们的书，都是我自己教他们。差不多吃了二十年的苦，才把他们带到这么大。现在他们什么事都用不着我去担心。不过还有一件，我放不了心，就是他们还都没有成家。（余的身子略微地颤动了一下）这一层，我也同吉先生说过好几次，他都不把它当一件事。——我也不知道他到底是什么意思。现在子女的婚姻，本来也用不着父母去管，所以我也只好由他们自己去。（叹了一口气，略顿）我有一个表侄。（余转了一转身子，恢复了自然和呼吸）你大概也认识他，他到医院看过我。他虽然只看见过你几次，但是因为他时常听见我说你怎样的好，所以他很敬重你。他向我说了好多次，托我说媒[22]，我都没有提过。因为我自己儿子的事，我都不管，我哪里有工夫去管旁人家的事？不过他说，他一来不知道你的意思，所以不好向你开口，二来就是想对你说，也没有个好的机会。他，人是一个极好的人，他学的是医道，现在预备自己挂牌行医。他的脾气很好。也是一点坏的嗜好都没有。——喔，我知道我是一个很腐败[23]的老太婆，说媒的事，是你们现在最不喜欢的。要是这样，我请你不要生气。

22　说媒（shuō méi）：又叫"做媒"，就是通过中间人从中说合，让男女双方结婚。

23　腐败（fǔbài）：这里指思想行为落后，陈旧。

余 小 姐：（如梦初觉）我很感谢老太太的好意，哪有生气的道理？

吉老太太：他还想在我回南之前，得一个回信。我想这也不是立刻就要怎样的一件事，你如要细细想一想，你回去写封信告诉我，我想也没有什么不可以。（略顿）你的意思怎么样？你有什么话，尽可对我说，你知道我差不多把你同自己的女儿一样的看待。

> 吉老太太希望余小姐多久回复她？

余 小 姐：（思索了一会，打定了主意）我想我们年轻的人，一点经验没有，什么事都全靠年纪大一点的人到处指点教导。老太太的意思怎么样？

吉老太太：喔，这是你自己的事，总得你自己做主。

余 小 姐：老太太的意思，如果觉得很好，那自然不会有错。

吉老太太：那我就说你很愿意？

余 小 姐：不过我想总得写一封信回去，问问父母的意思。

| 吉老太太听说余小姐要写信问父母的意思,有怎样的反应? |

吉老太太:不错,不错,自然应该这样。那你就写封信回去,等你接到家里回信之后,再说吧。

余 小 姐:我想单由我写信去,还不十分妥当[24]。

吉老太太:那有什么不好?

| 余小姐在写信方面提出了什么要求? |

余 小 姐:可以不可以请吉先生写一封详细的信,把老太太的意思告诉我家里,我再另外写一封,一齐寄去?

| 吉老太太是怎么回答的? |

吉老太太:不错,不错,应该这样。回来我对吉先生说一说,叫他写起一封信来。写好了,我叫一个人送给你,你说好不好?

余 小 姐:老太太的主意很好。

吉老太太:我们还是坐一会,还是就到公园去?

余 小 姐:老太太的意思怎么样?

吉老太太:我们就去好不好?我叫他们去请吉先生去。(走去压电铃)

24　妥当(tuǒdàng):稳妥适当。

余 小 姐：我借你们的电话用一用。

吉老太太：在那边的院子里，你知道。（余由右门出，仆人由左门入）你去请吉先生，就说我们现在到公园去了。（仆人由左门出。老太太坐回原处，如有所思[25]）

> 吉老太太和余小姐接着打算去干什么？

吉 先 生：（由左门入，手里拿了照片，装好了框子。进来之后，将照片放在书架上，看了一看，移动一回）余小姐哪儿去了？

吉老太太：（沉思中）打电话去了。

吉 先 生：（坐到小椅上，取了一块牛奶糖，慢慢取其外皮，随便地问）你的媒做得怎么样，问了她没有？

吉老太太：问过了。

吉 先 生：她怎么样讲？（将糖送至嘴边）

吉老太太：她很愿意。

---

25 如有所思：好像在思考着什么。

| 吉先生听说余小姐回答"很愿意"后，有什么反应？ |

吉　先　生：（将糖由嘴边拿回）她很愿意？她说很愿意么？她怎样说？

吉老太太：她没有说什么。

吉　先　生：她没有说什么，你怎样知道她很愿意？

吉老太太：这用不着说的。

| 老太太为什么会严厉地看了一看吉先生？ |

吉　先　生：喔，不错，这一类的事是用不着明说的，是不是？同天气一样，只要看看气色就知道了。（老太太对他严厉地看了一看）那么，已经定了？

吉老太太：她还要写封信回去，问问她的父母，要等……

吉　先　生：问问她的父母！（解悟）喔！（把一块糖投入口中）

| 吉老太太为什么听了很欢喜？ |

吉老太太：你笑什么？你笑她把她的父母太看重了，是不是？我听了很欢喜。

| 吉先生为什么听了也很欢喜？ |

吉　先　生：没有的事！我听了也很欢喜！（又拿了一块放进嘴去）她说了什么时候写信没有？

第十二课 "偷偷摸摸"的爱情喜剧

吉老太太：她要请你替她写。

吉　先　生：要我替她写！这真奇怪。我又不是她的亲兄弟，亲叔伯，她为什么要请我替她写信，这不是奇而又奇的事？

> 听说余小姐让自己帮忙写信，吉先生有什么反应？

吉老太太：你看了奇怪么？我看了一点也不奇怪。

> 为什么吉老太太说这不奇怪？

吉　先　生：为什么不奇怪？

吉老太太：因为——因为你还没有认出她。她是一个大户人家出来的女孩子，知道什么是应该说的，什么是不应说的。她知道害羞。

吉　先　生：喔喔！女孩子！害羞！（又拿一块糖放进嘴去）

吉老太太：怎么你向来不吃糖的人，今天爱吃起糖来了？

吉　先　生：今天的糖特别有味儿！（高兴，即起）你们现在就到公园去么？

> 吉先生为什么今天总是吃糖？

吉老太太：等余小姐打完了电话。

吉　先　生：（想了一想）你不换一件衣服？

吉老太太：不过是到公园去坐一坐，谁再去换衣服？

吉　先　生：可是天气很凉，不换，也应该加一件。——在哪里，我替你去拿，好不好？

> 吉先生为什么让母亲去换衣服？

吉老太太：自己去，你不知道。（吉开右门让老太太走出，将门关好，走到书架，取照片在手，细细地审看。将照片放回，在房里走了两转。余由右门入）

吉　先　生：电话打通没有？

余　小　姐：打通了。（注意老太太不在房内，两人对看了一看）

吉　先　生：（将长椅向前稍推）老太太到后面去换一换衣服，叫请你在这里等一会。请坐。

余　小　姐：（由女人的直觉知将有有趣的谈判发生，为准备抵御起见，先摸了一摸头发，理了一理裙子，选了长椅离小椅远的一边坐了。吉坐小椅上）

老太太真是一个很可佩服²⁶的人，那么大年纪，穿的衣服，比年轻的小姐们还要讲究。

> 为什么余小姐说吉老太太是一个很可佩服的人？

吉　先　生：一个人什么都可以不讲究，惟有衣服不可以不讲究。

余　小　姐：为什么？

吉　先　生：因为人是一个社会动物。一个人生在世上，所有的一切物质上的幸福，精神上的愉快，都是社会给他的。所以一个人对于社会，应当尽量的报答。

> 为什么一个人什么都可以不讲究，惟有衣服不可以不讲究？

余　小　姐：那与穿衣服有关系么？

吉　先　生：关系大得很！因为报答社会，有种种不同的方法。有职业的，藉²⁷他的职业，有技能的，用他的技能。当兵的可以替我们杀人，做律师的可以替我们打官司，做医生的可以替我们治病。不过还有一种人，——就像我们——既无职业，又无技能，

> 吉先生认为，报答社会和穿衣服有怎样的关系？

26　佩服（pèifu）：由于对方具有某种优秀品质或能力而觉得很棒，钦佩，信服。
27　藉（jiè）：同"借"。

最少也应该有几件好看的衣服，才不至于走到人家面前，叫人家看了难过。

余 小 姐：（笑）哈，我明白了。愈无用的人，愈应该穿好看的衣服，对不对？

> 为什么吉先生认为有用的人，也应该穿好看的衣服？

吉 先 生：对，不过有用的人，也不应该着[28]不好看的衣服。社会上没有一种职业，我们可以承认他有不顾装束[29]的专利。一个人，自生至死，也没有一个时期，我们可以承认他有无须修饰的特权。假若一个女人，因为她已经结了婚，就不管她头发的高低，因为她生了儿子，就不管她袖子的长短，或是一个男人，因为他能够诌[30]得几句诗词歌赋，就不洗清他的面孔，因为他能够画得几笔山水草虫，就不剃光他的下巴，拉直了他的袜筒，那都是社会的罪人。

余 小 姐：这样讲，恐怕我们都是社会的罪人。

28　着（zhuó）：穿（衣）。
29　装束（zhuāngshù）：穿着，打扮。
30　诌（zhōu）：信口胡说，胡编乱造，说瞎话。

吉　先　生：你？喔！（欲言又止）

余　小　姐：我怎么样？

吉　先　生：你？两个月前，你冤枉[31]说我发烧的时候，我不是已经对你讲过么？

余　小　姐：我冤枉说你发烧？

吉　先　生：自然是冤枉。什么温度三十九，脉跳一百多，那都是你造的谣言[32]，——是的。完全是谣言。——不过我很感激你，假使没有你的谣言，我如何能够住到两个星期？喔！那两个星期！那是我一生最快乐的两个星期！（叹）暧，无论怎么，不会再有的。

☐ 余小姐为什么要说谣言？

余　小　姐：（回想到那时的景况）是的，也不知说了多少话！从来没有看见过这样爱说话的病人。

☐ 余小姐说的爱说话的病人是谁？

吉　先　生：是的，那都是些极真诚，极平常，极正当的话。为什么平常我们不能讲？

31　冤枉（yuānwang）：没有事实根据，给人加上恶名。
32　谣言（yáoyán）：指没有事实存在而捏造的话。

为什么要男人装了病，方才可以讲？为什么女人听了一定要冤枉说他发烧？要是现在我说你眼睛生得怎样的动人，嘴唇怎样的可爱，你会装作没有听见，把我的额角摸一摸，枕头拥一拥，说一声："现在歇一会儿吧。你说话说得太多！"社会真是一个不自然的东西！这一类的话，有什么说不得？为什么现在不能说？

> 吉先生说他一年到头，没有一天不发烧，他为什么发烧？

余 小 姐：因为——因为你现在不发烧！

吉 先 生：你怎么知道我不发烧？我一年到头，没有一天不发烧。你要不相信，你现在替我试一试。（伸手放在长椅边上，余从长椅那一边，移到这一边，先理了一理裙子，然后用右手把脉，同时看左手上的腕表。约数秒针无语）我病的时候，说了很多的话，是不是？（余点头）说了些什么？

> 为什么吉先生说中国是一个可怜的社会，男人尤其可怜？

余 小 姐：（余将手缩回）你说中国是一个可怜的社会，男人尤其可怜。除了赌钱，遇不到人家的小姐太太，除了生病，得不到女人的一点同情。所以你一星期要打一次牌，一个月要装一次病。

吉 先 生：对呀！这像生病的人讲的话么？
　　　　——发烧不发烧？

余 小 姐：（犹豫³³）七十七次。

吉 先 生：可见得是说谎。

余 小 姐：为什么？

吉 先 生：因为你就没有数！

余 小 姐：喔，一个人可以随便说谎么？

吉 先 生：自然不能"随便"。不过我们处在这个不自然的社会里面，不应该问的话，人家要问，可以讲的话，我们不能讲，所以只有说谎的一个方法，可以把许多丑事遮盖起来。

> 吉先生认为人有时候需要"说谎"吗？为什么？

余 小 姐：我们从小就知道，说谎是不道德的。

吉 先 生：道德是没有标准的，随时代随个人而变的东西，平常"所谓"道德，不是多数人对于少数人的迷信，就是这班人对于那班人的偏见。

> 吉先生怎么看待"道德"？你同意他的观点吗？

33　犹豫（yóuyù）：迟疑，不果断，缺少主见，对事难以做决定。

余　小　姐：这样说，世界上没有善恶好坏的标准了？

> 吉先生认为，什么是坏习惯？什么又是恶行为？

吉　先　生：世界上只有脏的习惯是坏习惯，丑的行为是恶行为。

余　小　姐：所以什么谎都可以说，只要说得好听。做贼，赌钱，都可以做，只要做得好看？

吉　先　生：一点都不错。不过世界上美神经发达的人很少。做贼同赌钱的时候，大半都是不大十分雅观。说谎，说得好的人很多，不过我最佩服的是你。

余　小　姐：我向来不说谎，你说我说谎，你有什么证据？

> 为什么吉先生说最佩服的人是余小姐？

吉　先　生：对呀！所以佩服你的缘故[34]，就是因为拿不出证据来。不过一个人说谎话说太多了，总有一天，转不过弯来，要露出马脚[35]来。

余　小　姐：我向来不欢喜说话。

34　缘故（yuángù）：原因，理由，根据。
35　露出马脚：比喻暴露了隐蔽的事实真相，或事情无意中泄露出来。

吉　先　生：好吧，白说是没有用的。我问你一件事。

余　小　姐：什么事？

吉　先　生：老太太替你做媒没有？

余　小　姐：（着急）你不应该问这句话。

> 为什么余小姐说吉先生不应该问这句话？

吉　先　生：为什么不应该？

余　小　姐：因为这一类的话，连自己的父兄都不应该问，朋友更加不应该。

吉　先　生：喔，新文化！新文化！不过你知道不知道？一个人的婚事，从前，是父母专制，现在因为用不着父母去管，所以用不着父母去问。（吉先生的意见，以为婚姻的事如其不要人帮忙则已，如要帮忙，父母应该是最重要的人物，现在所以不要他们过问，一则因为他们专制[36]，二则也因为他们不能帮忙。这一层似乎还没有人见到，所以附带声明）但是现在的婚姻是朋友专制，要想结婚，

> 吉先生认为婚姻过去是父母专制，现在是什么专制？

36　专制（zhuānzhì）：凭自己的意志或愿望独断独行，操纵一切。

非靠朋友帮忙不可，所以你说朋友不应该过问，是完全错误。

余　小　姐：我去看看老太太去。（起立欲走）

吉　先　生：（起立阻之）不要走，不要走，我还有一件要紧的事，没有对你说。请坐。（两人同坐下）我不在这里的时候，老太太同你讲了很多的话，是不是？

余　小　姐：是的。

吉　先　生：她说到我不想结婚的话没有？

余　小　姐：说了很多。

吉　先　生：你知道，我不想结婚。

余　小　姐：为什么不想结婚？

> 吉先生为什么不想结婚？

吉　先　生：因为一个人最宝贵的是美神经，一个人一结了婚，他的美神经就迟钝[37]了。

余　小　姐：这样说，还是不结婚的好。

37　迟钝（chídùn）：指反应迟缓，脑子不灵敏。

第十二课 "偷偷摸摸"的爱情喜剧

吉　先　生：是的，你可以不可以陪我？

余　小　姐：陪你做什么？

吉　先　生：陪我不结婚。（走至余前，伸出两手）
　　　　　　陪我不要结婚！

> 吉先生想要余小姐陪他做什么？

余　小　姐：（为他两目的诚意与爱情所动）可以。
　　　　　　（以手与之）

> 余小姐答应了吗？

吉　先　生：给我一个证据。

余　小　姐：你要什么证据？

吉　先　生：你让我抱一抱！（释[38]其手，作欲抱状）

余　小　姐：（走开）等你再生病的时候。

> 余小姐答应让吉先生抱了吗？

吉　先　生：不过我的母亲告诉我，说你已经答
　　　　　　应了做她的侄媳妇，那怎么办？

余　小　姐：（得意）那没有什么，我的父母不愿
　　　　　　意我嫁给医生！

> 余小姐想了怎样的办法来应对吉老太太说媒的事？

吉　先　生：对，我知道，我们是天生的说谎一
　　　　　　对！（趁其不防[39]，双手抱之）

> 吉先生为什么说"我们是天生的说谎一对"？

38　释（shì）：放开，放下。
39　趁其不防（chènqíbùfáng）：趁，乘。利用别人没有防备的时机。

余 小 姐：（失声大喊）喔！（老太太由右门，仆人由左门，同时惊慌入。吉已释手）

> 余小姐为什么面红？

吉老太太：什么事，什么事？（余以一手掩面，面红不知所言）

> 吉先生为什么问余小姐"刺了你没有"？你认为余小姐为什么说"一只马蜂"？真的有马蜂吗？

吉 先 生：（走至余前，将余手取下，视其面）什么地方？刺了你没有？

吉老太太：什么事？什么一回事？

余 小 姐：（呼了一口深气）喔，一只马蜂！（以目谢吉）

闭幕

（原载于1923年10月《太平洋》第4卷第3号）

【思考与问答】

1. 你同意课文里吉先生认为他和余小姐"是天生的说谎一对"的观点吗？

2. 你认为他们的谎言是善意的吗？他们有必要撒谎吗？

3. 你认为吉老太太是一个好母亲吗？

4. 如果你爱一个人，但是你的婚姻必须由父母决定，你怎么办？

5. 如果你的好朋友给你介绍了一个男/女朋友，你的好朋友很希望你能够接受，但是你心里有爱的人了，为了不伤害好朋友，你会怎么做？

第十二课 "偷偷摸摸"的爱情喜剧

【特别推送】

1934年,被称为"中国现代戏剧之父"的曹禺(1910—1996),发表了他的第一部话剧《雷雨》。这部四幕剧问世后很快受到关注,从1935年8月国内首演至1936年底,各剧团上演达五六百场,好评如潮。《雷雨》的出现,标志着中国现代话剧达到了文学性与舞台性、艺术性与欣赏性的高度统一。中国现代话剧由此走向了成熟。

话剧《雷雨》除了在舞台上多次演出外,也被拍摄成电影电视剧。比较著名的版本包括:1984年上海电影制片厂摄制,孙道临导演的《雷雨》;1996年李少红、曾念平导演的20集电视剧《雷雨》等。

（扫码听录音）